독한 언니의
직장생활백서

독한 언니의
직장생활백서

초판 1쇄 인쇄 _ 2021년 2월 5일
초판 1쇄 발행 _ 2021년 2월 10일

지은이 _ 정경아

펴낸곳 _ 바이북스
펴낸이 _ 윤옥초
기획 _ 엔터스코리아(책쓰기 브랜딩스쿨)
책임 편집 _ 김태윤
책임 디자인 _ 이민영

ISBN _ 979-11-5877-226-0 03190

등록 _ 2005. 7. 12 | 제 313-2005-000148호

서울시 영등포구 선유로49길 23 아이에스비즈타워2차 1005호
편집 02)333-0812 | **마케팅** 02)333-9918 | **팩스** 02)333-9960
이메일 postmaster@bybooks.co.kr
홈페이지 www.bybooks.co.kr

미래를 함께 꿈꿀 작가님의 참신한 아이디어나 원고를 기다립니다.
이메일로 접수한 원고는 검토 후 연락드리겠습니다.

독한 언니의
직장생활백서

정경아 지음

바이북스
ByBooks

나는야 유리천장을 깬
독한 언니!

나는 관리자급 리더에 여성이 드물기로 유명한 유통 대기업에서 오랫동안 일했다. 성골이라 분류되는 경력직 사원으로 들어와 최초의, 그리고 유일한 여성 팀장, 여성 지점장을 거쳐 마침내 유리천장까지 깨부순 여성 임원이 되었다. 그래서인지 회사에서 직급이 높아질수록 여자 후배들에 대한 책임감 또한 덩달아 무거워졌다. 나는 그들의 리더이기도 했고 롤모델이기도 했으며, 맏언니이기도 했다.

언젠가 회사에서 까마득한 여자 후배가 지나가다 수줍게 인사를 건네왔다. 그리곤 조심스레 말을 꺼냈다.

"저, 부장님….."

"응?"

"부장님, 꼭 상무님 되세요."

뜬금없는 얘기에 나는 왜 그런 말을 하느냐고 물었다.

"부장님이 높이 올라가셔야 저에게도 길이 있을 것 같아요. 저를 위해서라도, 여자 후배들을 위해서라도 꼭 길을 열어주세요."

나는 별소릴 다 한다며 웃었다. 그리곤 우리 회사는 남자와 여자를 차별하지 않으니 내가 아니더라도 더 유능한 후배들이 충분히 그 길을 열어갈 수 있을 것이라며 격려했다.

"부장님은 우리 여자 후배들의 희망이세요!"

평소 얼굴 정도만 알던 사이인데다, 직급이나 나이 차도 많이 나는 한참 위의 선배인 내게 그런 말을 꺼내려면 용기가 필요했을 테다. 후배의 진심 어린 간절함이 느껴져 막중한 책임감이 밀려왔다.

많은 여자 후배들이 내가 지점의 첫 여자 팀장이 되고, 1세대 여자 지점장이 되고, 처음으로 부장으로 승진하는 모습을 보면서 희망을 느꼈다고 전해왔다. 이전까지는 남자 일색이었던 회사였지만, 나를 통해 여자도 열심히 하고 능력만 있으면 얼마든지 성장할 수 있다는 가능성과 희망을 보았다고 했다. 게다가 경력사원인 내가 진급을 하고 큰 직책을 맡았으니 희망이 더 클 수밖에 없었을 것이다. 진골이든 성골이든 가리지 않고 고른 기회를 주는 회사의 공평함에 경의를 표하는 사원들도 있었다.

나는 그런 존재였다. 회사가 나에게 너는 여성의 대표격이니 잘하라는 말을 하지는 않았지만, 그런 후배들의 마음을 전해 받으며 나는 회사 여자 후배들의 대표라는 생각을 했고, 그렇기에 더 실수 없이 잘해야겠다고 생각했다. 가끔은 그런 책임감이 버겁기도 했지만, 결국 그것은 나를 견디게 해주고 성장시켜주는 강한 원동력이 되어 주었으니 외려 감사할 일이었다.

다행스럽게도 지금은 회사의 지점에서 근무하는 여자 팀장과 여자 지점장이 많이 있고, 부장승격이나 임원승격도 여자이기 때문에 안 된다는 생각을 하는 사람은 거의 없다. 나 혼자만 잘했기 때문이라고 생각하지는 않는다. 운 좋게 좋은 동료들과 마음이 맞는 후배들을 만날 수 있었고, 회사에서도 성별과 나이보다는 실력을 우선으로 평가해 준 덕분이기도 했다. 내가 최선을 다해 힘껏 달릴 수 있도록 도와준 모든 이들에게 지금도 늘 감사하는 마음이다.

아무도 가지 않은 길을 걸었던 덕분에 힘겨웠던 적도 많았으나 다행히 업무가 어려웠던 적은 없었다. 워낙 일을 즐기기도 하고 프로 직장인으로서의 근성도 넘쳤으며, 업무 능력에 대한 자신감도 컸기 때문이다. 정작 나를 힘들게 하는 것은 업무와는 무관한 부분이었다. 차마 이 책에서 다 말하지 못하는 많은 어려움과 힘겨움이 있었지만, 어쨌건 나는 그 길을 당당히 지나왔다. 그리고 그 과정에서 더 단단히 여물고 강해졌다.

독자들이 이 책을 통해 직장에서 당당하게 실력으로 인정받고 승리하는 법을 익히길 바라면서 조금은 부끄럽고 쑥스러운 내 경험담을 모두 털어놓았다. 월급이 아깝지 않은 직원, 월급을 더 주고라도 모셔가고 싶은 직원이 되는 법, 나아가 후배들의 멋진 언니로서 팀을 이끌고 부서를 이끌고, 회사를 이끄는 유능한 리더가 되기 위해 필요한 실전 팁까지 아낌없이 담았으니 내가 먼저 익혔던 이 노하우를 독자들 역시 모두 얻을 수 있기를.

또 앞서 그 길을 나아간 언니로서, 외로운 투쟁의 역사도 뿔난 넋두리처럼 얹어두었다. 지금과는 다른, 아니 반드시 달라야 할 "그땐 그랬어"라는 언니의 넋두리에 불과한 이야기이겠지만, 꼭 들려주고 싶다. 그 시절을 이겨낸 독한 언니가 있었기에 지금 작게나마 유리천장에 금이 가 있다는 것을. 그리고 그것을 완전히 깨부술 힘은 지금 이 책을 읽는 그대들에게 있다는 것을! 그러니 부디 더 당당하고 더 멋지게 나아가주길 독자들보다 조금 먼저 그 길을 걸은 '언니'의 마음으로 간절히 바란다.

차례

Chapter 1

여자,
그게 뭐 어때서?

Chapter 2

나는 1인분인가?

병아리 직장인! '기본기'를 다지자

Chapter 3

나는 나로
나를 완성한다

관리자에게는 '필살기'가 필요하다

Chapter 4

유리천장이 무너지는
그 날까지

진짜 리더에게는 '어른의 내공'이 있다

Chapter 5

아무도 깨트릴 수 없는 나만의 방탄 멘탈

여자,
그게 뭐 어때서?

늘 그런 말을 들었다.
"남자로 태어났으면 장군감인데!"
"어지간한 남자들보다 훨씬 낫다!"

남들보다 열심히 일해서,
남들보다 좋은 성과를 내서,
남들보다 더 열정적이어서,

그런데 그게
'여자'랑 무슨 상관이지?

언니가 간다!

꼬꼬마 시절에 나의 첫 우상은 원더우먼이었다. 악당이 쏜 총알을 팔찌로 막아내고 위험에 처한 사람을 구하기 위해 맨손으로 쇳덩이를 휘고 철문을 뜯어내는 그녀의 모습은 정의를 수호하는 여전사와도 같았다. 성큼성큼 달려가 밧줄을 던져 정확하게 악당들을 묶는 모습을 볼 때마다 나는 환호성을 내질렀다. 나도 크면 나쁜 사람을 모조리 혼내 줄 거라며 주먹을 불끈 쥐기까지 했다. 그녀의 멋진 변신 장면을 흉내 내려 분홍색 보자기를 목에 두르고 뱅그르르 돌다가 어지러워서 쓰러진 적이 한두 번이 아니다.

초등학생이 되자 나는 우리나라의 독립을 위해 헌신하신 유관순 열사를 마음 깊이 존경하게 됐다. 열사처럼 모진 고문을 견딜 자신은 없었으나 그 의지와 신념만큼은 꼭 닮고 싶었다. 옳다고 생각되는 것은 당당하게 표현하며 소신 있게 실행하고 살아야겠다는 생각을 했다.

이후 나의 롤모델은 가녀린 몸에서 뿜어져 나오는 강렬한 눈빛과 승부욕을 가진 '달려라 하니', 전쟁을 승리로 이끈 프랑스의 국민 영웅 '잔 다르크'를 거쳐, 지금의 '뮬란'에 이른다.

20년 전 처음 만난 뮬란은 직장인이었던 나의 시간을 함께한 고마운 친구이자 롤모델이다. 나는 절대 닮을 수 없는 팔등신의 매력적인 외모도 멋졌지만 무엇보다도 그녀의 기개가 마음에 들었다. 어린 나이에도 가문을 대표해 전장에 나가야겠다고 남장을 한 채 자원하는 용기 있는 모습, 기지와 대범함으로 전쟁을 승리로 이끈 그녀의 전투력은 내가 늘 그려오던 이상적인 여성상이었다.

뮬란을 만난 이후로 나는 뮬란을 닮아가려 노력했다. 내가 회사생활을 시작하던 30년 전에는 지금처럼 여성 직장인들이 많지 않았다. 게다가 나는 십수 년을 남성 중심의 조직에서 몇 안 되는 여성 관리자로 일했다. 뮬란과 같은 용기와 기백 없이는 나아갈 수 없는 길이었기에, 20년 동안 매년 한두 번은 그녀를 다시 만나며 프로 직장인으로서의 나의 모습, 여성 리더로서의 나의 모습을 더 분명하게 그려나갔다.

특히나 남초 현상이 심한 대기업에서 임원의 자리에 오르기까지의 여정은 생각보다 험난했다. 무엇보다 그들만의 경쟁에 여자가 참여한다는 것, 그리고 그들보다 더 나은 성과를 낸다는 것을 견디기 힘들어하는 남성들 틈에서 나는 왕따 아닌 왕따의 시간을 겪어야 했다. 퇴사를 생각할 정도로 마음고생을 하기도 했지만, 그럼에도 임원의 자리에까지 오르게 되었다.

단지 여자라는 이유로 만나게 되는 현실의 불합리함과 부당함을 이겨내기 위해 나는 오로지 실력으로 나를 증명할 수밖에 없었다. 어차피 회사는 일 잘하고 실력 있는 사람이 승리하는 무대이기에 굳이 그들에게 목소리를 높이거나 악을 쓰며 대응할 필요가 없었다. 내게 '실력'은 원더우먼의 초능력인 동시에 뮬란의 기백과 당당함이기도 했다.

회사에서 신규 오픈 매장의 지점장으로 임명받았을 때의 일이다. 그간 영업 중인 매장의 지점장으로 근무한 경험이 있었지만, 신규 오픈 매장은 또 다른 도전이었다. 모르는 것투성이였지만 나 자신을 믿고 부딪혀 보기로 했다.

기존 매장의 지점장으로 임명되는 것과는 달리 신규로 오픈하는 지점은 해야 할 일이 산더미였다. 지점이 위치하는 건물의 공사과정부터 집기 배치, 상품 입점, 사원 교육, 마케팅 활동 등 해야 할 일이 만만치 않았다. 게다가 오픈한 후에도 일이 끊이지 않았다. 최소한 한두 달 이상은 지나야 지점의 시스템이 겨우 세팅되기 시작하기에 초기 석 달은 무조건 지점의 오픈에만 온 신경을 집중해야 했다. 나는 출퇴근 시간조차 아까워서 아예 지점 근처의 숙박업소에 방을 얻어서 지내기도 했다.

그렇게 온 에너지를 쏟아 지점의 오픈과 초기 안정화 작업을 완벽하게 마무리한 뒤에 나는 탈 대로 다 타버린 나무처럼 무너져내렸다. 근처 병원에서 링거를 맞고 겨우 정신을 차렸지만 누적된 피로가 쉽게 회복되지 않았다. 결국 일주일 내도록 퇴근 후에 링거 투혼을 하고서야 비로소 정상적인 컨디션으로 돌아갔다.

"나의 죽음을 적들에게 알리지 말라!"고 했던 이순신 장군도 아니면서, 나는 그 와중에도 직원 중 누구에게도 나의 휘청거림을 알리지 않았다. 혹여라도 직원들이 기운이 빠질까 염려되어서다. 그리고 한편으론 "여자가 그렇지 뭐, 일 좀 했다고 엄살을 떨고, 그럴 줄 알았다"라고 뒷말이 나오는 것도 싫었다.

이런 나를 두고 사람들은 "남자로 태어났으면 장군감인데!", "남자로 태어나서 정치했으면 세상을 바꿨을 텐데……."라며 칭찬한다. 분명 칭찬임에도 마냥 반갑고 고맙지만은 않은 것은, 굳이 "남자로 태어났으면"이라는 전제를 붙이기 때문이다.

나의 업무적인 능력에 대해 평가를 할 때도 유독 '남자'와 비교하는 경우가 많았고, 그럴 때마다 나는 불편하고 거북했다. 내가 남자가 아닌 여자로 태어나서 더 큰 기회를 잡지 못하고 현재에 머물러 있다는 말 같아서 화가 났다. 나는 지금껏 최선을 다하며 열심히 잘해왔고, 지금도 충분히 잘하고 있다고 생각하는데, 그런 말을 들을 때마다 보이지 않는 유리천장을 확인하는 듯한 기분이 들어 씁쓸하기만 했다.

내가 만약 남자로 태어났으면 어떻게 되었을까? 그들의 말처럼 지금보다 훨씬 더 좋은 기회를 얻게 되었을지 모른다. 남자들로 가득 찬 조직에서 유일한 여자 관리자로 버티며 새로운 길을 만들어 나가느라 에너지를 낭비하지 않아도 되었을 것이다. 남자들과 스스럼없이 어울리며 훨씬 더 풍성한 인적 네트워크를 이루었을 것이다. 그리고 이런 점들이 나에게 훨씬 유용하게 작용하여 그들이 말한 성공의 가도를 달리고 있었을지도 모른다. 남자였다면 이미 잘 닦여진 그 길을 조금 더 편하게, 더 빨리 달렸을 것이다.

그러나 나는 지금의 내 모습에 충분히 만족하고 감사한다. 혼자이기에 감당해야 했던 무게로 인해 내 사고의 영역과 책임감의 폭이 커졌고, 여자라는 이유로 겪어야만 했던 많은 어려움을 이겨내며 나는 훨씬 단단해졌다. 웬만한 것에는 흔들리지도 않는다.

여자라서 장군이 되지 못하고 세상을 바꿀 위대한 정치인이 되지 못하던 시대는 이미 끝났다. 물론 남자들과 비교해 여자들이 가야 할 길은 아직도 험하고 거칠다. 그러나 그렇다고 해서 영 못 갈 길도 아니다. 아무도 가지 않았던 그 길을 나는 뮬란이라는 허구의 존재를 벗 삼고 롤모델 삼으며 여기까지 왔다. 그에 비하면 지금은 실재하는 멋진 존재들이 많다.

그들은 앞서 나아가며 기꺼이 큰 바윗덩이를 치워주고 웅덩이를 메워주며 뒤이어 그 길을 걸어올 후배들을 챙겼다. 나 역시 "남자로 태어났으면"이라는 어이없는 전제에 찬물을 끼얹어주며 남자 일색인 조직에서 보란 듯이 유리천장을 깨부수며 오늘도 뮬란처럼 '나의' 전쟁터에서 싸운다.

내 인생은
투쟁의 역사

편견은 슬프고 차별은 아프다. 내가 세상에서 가장 먼저 만난 편견과 차별은 내가 '여자'이기 때문이었다. 여자는 남자보다 못한 존재라는 편견은 당연한 듯 여자를 남자의 뒤로 밀어냈다. 나 혼자만의 이야기가 아니라, 사회 전체가 너무나 당연하게 여성을 폄하하고 있었다.

단지 여자라는 이유로, 기울어진 운동장의 저 아래에서 경기를 시작해야 한다는 것을 깨달았을 때 나는 슬픔과 아픔을 넘어 분노를 느꼈다. 오빠와 남동생 사이의 끼인 아이이자 딸로 태어난 나는 뭐든 뒷전으로 밀렸다. 오빠와 연년생인 나는 늘 오빠가 입던 옷을 물려 입어야 했다. 사진 속에 기록된 나의 어린 시절이 로봇이 그려진 낡은 티셔츠로 채워진 것도 그런 이유에서다. 그에 비해 남동생은 터울이 있어 몸집이 작았기에 새 옷을 입는 경우가 많았다. 어릴 땐 그마저도 부러웠다.

초등학교 3학년 때부턴 아침 설거지를 제외한 모든 끼니의 설거지가 내 차지였다. 다섯 식구의 설거지는 그 양부터가 만만치 않았다. 게다가 성인용 고무장갑이 크고 불편해서 맨손으로 설거지를 하다 보니 내 손은 갈수록 거칠고 투박해져 갔다. 오죽하면 대학 시절의 남자친구가 내 손을 처음 잡던 때의 느낌을 "남자 손을 잡는 줄 알았다"라고 고백했을까.

엄마는 설거지뿐만 아니라 집안일의 많은 부분을 나에게 나누어 주셨다. 엄마가 맞벌이를 하시느라 많이 바쁘셨기에 집안일을 돕는 것엔 큰 불만은 없었다. 그런데 오빠와 동생은 남자라는 이유로 당연한 듯 열외가 되는 것엔 무척 화가 났다. 물론 오빠와 남동생이 집안일을 전혀 하지 않은 것은 아니었으나 나와 비교하면 턱없이 부족했다.

왜 매번 나에게만 집안일을 시키냐며 툴툴거리면 엄마는 늘 "네가 제일 잘해서"라고 대답하셨다. 웃어야 할지 울어야 할지 황당하기만 했다. 하루도 거르지 않고 그 일을 했으니 잘하지 않으면 이상할 일이다. 그나마 "넌 여자잖아"라고 말씀하시지 않은 게 얼마나 감사한지!

초등학교 운동회 날엔 도시락의 내용물까지 차별이 있었다. 한 학급에 60명이 넘는 많은 학생 수에 비해 운동장이 작았던 탓에 운동회는 학년을 나누어 이틀에 걸쳐 진행되었다. 덕분에 엄마는 운동회 도시락을 두 번이나 싸셔야 했는데, 그 두 도시락의 퀄리티는 확연하게 차이가 났다. 고소한 참기름 냄새 풍기는 알록달록한 김밥 도시락은 당연한 듯 오빠의 차지였고, 내 도시락엔 늘 먹던 밥과 나물 반찬 한 가지, 그리고 밀가루 소시지 몇 개가 전부였다.

왜 내 도시락은 오빠의 것과 다르냐는 투덜거림이 공허한 외침이란 것을 깨닫게 된 어느 날, 나는 과감히 전략을 바꿨다. 나만의 방식으로 투쟁을 결심한 것이다. 어떻게든 오빠와 같은 관심과 대우를 받아야겠다는 생각에 나는 뭐든 악착같이 해내는 아이로 바뀌기 시작했다. 밥을 먹을 때면 밥 한 톨 남지 않은 빈 밥그릇을 엄마에게 보여주며 칭찬해 달라고 조르고, 콩나물을 사 오는 심부름을 한 후에는 늘 "오빠라면 나보다 훨씬 늦었을 것"이라며 오빠와 비교해서 칭찬을 바랐다. 그렇게 나는 사소한 일에서조차 혼자만의 경쟁 중이었다.

때론 오빠와 남동생의 틈에서 나를 증명하기 위해 과감히 허세도 부려야 했다. 초등학생 때 집 근처 텃밭에서 염소를 잡은 적이 있다. 가까이에 사시는 친척 어른들이 앞마당에 모여 갓 잡은 염소의 간을 나눠 드셨는데, 짙은 선홍빛의 그것은 여전히 펄떡이며 살아있는 듯했다. 핏기도 가시지 않은 벌건 생고기를 질겅거리며 씹어먹는 어른들의 모습에 오빠와 남동생은 기겁하며 저만치 도망을 갔다. 이때다 싶었다. 그것은 나의 특별함을 증명하기에 더없이 좋은 기회였다. 나는 모두가 다 들을 수 있을 정도로 크게 외쳤다.

"엄마 나도 그거 먹을래요!"

잠시 고민하시던 엄마는 내 입에 작은 염소 간 한 점을 넣어주셨다. 무섭고 징그러웠지만, 그 마음을 들키지 않으려고 나는 오히려 아무렇지 않은 듯 입을 크게 벌리며 생간을 맛나게 씹었다. 그리곤 저만치에 서 있던 오빠와 남동생을 향해 손가락으로 입을 가리키며

자랑했다. 나는 그렇게라도 나의 용기를 뽐내고 싶었고, 그들 사이에서 영웅이 되고 싶었다. 염소 간 한 점으로 존재감을 증명하려 했다니! 돌이켜 생각하면 참 측은한 일이 아닐 수 없다.

어른이 되고 직장생활을 하면서 나는 "여자라서 못 한다"는 소리를 듣는 것이 싫어서 더 열심히 투쟁했다. 업무의 영역은 말할 것도 없거니와 업무와 연관된 부가적인 영역까지도 그들의 입에서 "여자"라는 소리가 튀어나오지 못하게 갖은 애를 썼다.

등산 야유회나 숙박 일정이 있는 워크숍에서 행동에 제약이 따르지 않도록 호르몬제까지 먹으며 생리 주기를 조절하기도 하고, 업무상 생기는 술자리에서는 여자라고 저런다는 말을 듣고 싶지 않아 악착같이 보조를 맞췄다. 술을 잘 마시지 못하는 데다 체격이 왜소한 탓에 주량도 약했지만, 업무의 연장으로 이어지는 술자리는 빠지지 않고 참석하여 남들 마시는 만큼은 마시려고 안간힘을 썼다.

회사에서 남자 동료들과 함께 참여한 해병대 극기 훈련에서는 모든 훈련을 처음부터 끝까지 똑같이 받았다. 장시간 행군, 화생방 훈련, 통나무 들기도 힘들었지만, 가장 힘든 순간은 번지 점프였다. 고소공포증이 있는 나는 11미터 높이에서 번지점프를 하는 것이 정말 두려웠지만 이를 악물고 해냈다. 남자들도 두려워서 줄이어 포기하는 상황이 벌어지니 과연 여자인 내가 해낼 수 있을까에 관심이 쏠렸기 때문이다. 나는 더더욱 포기하기 싫었다. "그럼 그렇지, 남자도 힘든데 어찌 (감히) 여자가!"라며 킥킥거릴 기회를 주고 싶지 않았다.

최악의 경우엔 죽기밖에 더 하겠느냐는 생각으로 과감히 뛰어내렸고, 결과는 대만족이었다.

이런 나를 보며 "얼마나 대단한 것을 얻으려고 그렇게까지 하느냐", "꼭 남자를 이겨야 속이 시원하냐"고 말하는 이들도 있다. 그러나 나는 얻으려고, 이기려고 '그렇게까지 하는 것'이 아니다. 나는 여자라는 이유로 밀려났던 출발점을 앞당겨 그들과 같은 자리에 서고 싶을 뿐이었다. 공정한 경기를 통해 정당한 나의 실력을 인정받고, 내가 목표로 하는 곳에 당당하게 도달하고 싶었다. 안타깝게도 그것은 악착같은 투쟁을 통해서라야 겨우 얻을 수 있는, 불합리한 공정함이기에 나는 '그렇게까지 하는 것'이다.

나는야 쎈 언니
독한 언니

나는 직장생활을 하는 내도록 '쎈 여자'로 불렸다. 나와 친하거나 나를 잘 아는 사람들 사이에서 그 말은 '자기주장이 강하다, 리더십이 있다, 추진력이 있다, 열정적이다'와 같은 긍정적인 의미로 쓰였다. 그런데 정작 나를 잘 알지 못하는 사람들 사이에선 '드세다, 거칠다'와 같은 부정적인 의미로만 전해졌다.

"어제 남편한테 정 부장님이랑 점심 같이 먹기로 했다고 하니 남편이 정 부장님 무서운 분이니 조심하라고 하더라구요."

오가며 얼굴 정도만 익힌 사이의 후배와 점심을 함께할 일이 있었다. 후배는 아마 농담조로 그 이야기를 꺼낸 것 같았다. 후배는 사내 결혼을 해서 그녀의 남편도 우리 회사의 직원이었다. 물론 나와 같이 근무해 본 적은 없어서 직접 알지는 못했다.

"아이~ 그래도 난 해치지는 않아~."

아무렇지 않은 듯 웃으며 넘겼지만 내심 씁쓸했다. 점심 한 끼 같이 먹는 단순한 관계조차도 사전에 형성된 이미지로 인해 편안하게 흘러가기가 어려웠다. 업무적으로 처음 인사를 나누는 자리도 마찬가지다. "말씀 많이 들었습니다. 엄청 센 분이시라는 얘기도……"라고, 아예 처음 만나는 자리에서부터 대놓고 얘기하는 사람도 있었다. 게다가 나에 대한 이런 선입견은 업무적인 협조를 더디게 했다. 나의 센 맛을 보고 싶지 않아 일부러 거리를 두는 사람들이 생긴 것이다.

그러나 아이러니하게도 이들의 이런 태도는 일이 진행될수록 나에 대한 호감으로 변하곤 했다. "정 팀장님, 듣던 것보다 별로 안 세시네요. 처음엔 정 팀장님이 센 분이라는 말을 하도 많이 들어서 엄청 긴장했어요."

"그래요? 실제로 함께해 보시니 어떠세요?"

"업무를 워낙 적극적이고 추진력 있게 하셔서 보조를 맞추는 것이 좀 버겁긴 하지만, 다른 것은 전혀 불편함이 없어요. 업무만 제대로 하면 다른 부분은 스트레스를 안 주시니 오히려 편한 부분도 있어요."

이처럼 나의 '쎄다'라는 이미지는 대부분 업무적인 면에서 비롯되는 것이었다. 그래서 어느 순간부터는 나에 대한 이러한 평가마저도 장점으로 여기기로 했다. '쎄다'라는 평가 안에는 분명 업무적으로 호락호락하지 않은 사람이라는 의미도 담겨 있는 것이니 오히려 즐기고 활용해야겠다는 생각도 했다. 그런데 '쎄다'라는 말은 그나마 긍정의 여지가 있었지만, 종종 듣는 '독하다'라는 말은 가끔 상처가 되기도 했다.

서울에 있는 한 지점에서 지점장으로 일하던 때였다. 내가 부임한 지점은 오가는 고객도 많고, 매일 새로운 이슈가 생기는 중심 상권에 속해 있었다.

새로운 한 해가 시작되자 회사에서 내려오는 과제들이 많았다. 한 꺼번에 하기에는 쉽지 않은 분량이었지만 평소 내 업무 스타일대로 다소 무리를 해서라도 일정에 맞춰 모든 과제를 마무리했다.

회사의 남자 선배가 근처를 지나다 내가 일하던 지점에 들렀다. 업무와 관련한 이야기를 나누다 새로운 과제가 얼마나 진행됐는지 궁금해 해서 그간의 진행 상황을 설명하고, 함께 지점을 순회하며 세 부 상황을 공유했다. 그리고 추가로 필요하다고 생각되는 부분이 보 여 본사에서 내려온 지시 외의 업무까지 자발적으로 진행했다고 말 하는 도중이었다.

"독한 년!"

설명을 듣는 내내 알 수 없는 표정을 짓던 선배는 나를 향해 욕 같 은 칭찬을 던졌다.

"잘했다는 말씀이죠? 다음엔 욕 대신 그냥 잘했다고 칭찬을 해주 세요!"

"그래, 잘했다. 이 독한 년아! 뭘 이렇게까지 하고 그러냐!"

회사에서 내준 과제를 완수하는 것만으로도 대단하다고 할 정도 로 촉박한 일정이었다. 그런데 거기다 알아서 이것저것 덤까지 더 챙 겨두었다는 말에 대뜸 돌아온 말이 바로 '독하다'였다.

나는 안다. 사람들은 내게 "잘했다"라는 말 대신 "독하다.", "세다"라는 말로 나를 칭찬한 것을. 여자이기 때문이다. 남자였다면 엄지를 척! 하고 들어주며 야무지다, 근성 있다, 멋지다, 당차다, 패기 있다, 기백이 넘친다 등의 폭풍 칭찬을 했을 일들이다. 단지 여자라는 이유로 괜히 눈꼬리를 치켜세우며 세다, 독하다와 같은 욕 같은 칭찬을 한다. 처음엔 이런 인사들이 무척이나 기분이 나쁘고 마음이 상했지만, 그 속뜻을 알고부터는 그러려니 한다.

임신 7개월의 몸으로 2주간의 유럽 출장을 갔다가 아이를 잃을 뻔한 아찔한 위험도 겪고, 출산 3주 만에 다시 회사로 복귀하여 퉁퉁 부은 몸으로 업무에 임하기도 했다. 회사에 대한 미안함과 걱정이 가장 컸고, 또 그렇게 밀려나면 다시 돌아오기가 힘들다는 것도 잘 알기 때문이었다.

하지만 임신과 출산, 육아라는 고귀하고 축복받을 일들이 여성의 경력을 단절시키는 최고의 걸림돌이 되는 현실에서 독하지 않고, 강하지 않고 어떻게 나의 일을 지키고 잘 해낼 수 있을까.

"사람들은 말한다. 나는 독하다. 사람들은 말한다. 나는 강하다."

몇 년 전 발레리나 강수진이 모델로 출연한 한 스포츠 브랜드의 광고 문구이다. 사람들은 왜 그렇게 무리하느냐고, 그러다 지쳐 쓰러질 거라고, 독하다고 말하지만 결국 그것은 더 나아지고 더 강해지는 과정이라는 메시지가 담긴 광고였다. 2분도 채 안 되는 짧은 영상이지만 마치 늘 독하다는 말을 듣고 살던 나를 향한 격려와 토닥임 같아서 코끝이 시큰해졌다.

너 말고
남자 나와!

대한민국에는 남자와 여자가 있다. 학교에는 남학생과 여학생이 있다. 하지만 회사에는 직원과 여직원이 있을 뿐 남직원은 없다. 30년 가까이 직장생활을 하는 동안 나는 남직원이라는 말은 들어본 적이 없다. 직원과 남직원은 같은 개념으로 통했고, 여자는 직원이 아닌 여직원이라는 호칭으로 불리며 '차별'을 받았다.

그러다 점차 여성을 대하는 문화가 바뀌면서 '여직원'이라는 호칭처럼 여자라는 특정 성을 붙여서 호칭하는 것은 성차별적 요소가 있다는 인식이 생겨났다. 남직원이 없듯이 여직원도 없으며, 그냥 직원으로 통용되어야 마땅하다는 것이다. 그러나 안타깝게도 이러한 인식의 변화가 현실에 온전히 반영되기엔 시간이 더 필요한 듯하다. 여성의 사회 참여가 늘면서 여성 직장인의 비율도 높아지고 있지만, 여전히 그들은 직원이 아닌 여직원으로 불리고 있으니 말이다.

고위직 관리자라고 해서 별다르지 않다. 내가 국내 최고의 유통회사에서 지점장을 할 때도 나는 지점장이 아닌 여지점장으로 불렸다.

똑같은 지점장의 역할을 수행하는데 남자는 '지점장'이라고 부르고 나는 왜 '여자 지점장'이라고 불렸을까? 내가 그들보다 업무 수행 능력이 떨어지는 것도 아닌데, 왜 나는 여자라는 수식어를 늘 달고 다녀야 하는지 의문스러웠다.

'여자'라는 수식어가 붙는 순간 나는 행동이나 사고에 제한을 받는 것처럼 느껴졌다. 남자 지점장의 세계는 범접하면 안 될 것 같은, 위축되는 기분까지 들었다. 나는 공정한 경쟁을 통해 실력을 인정받아 지점장으로 임명된 것이지 여자 지점장으로 임명된 것이 아니지 않은가. 여자 지점장으로 불리는 것이 왠지 차별받는 것 같아 싫었다.

"지점장 나오라고 그래!"

호칭에서부터 시작된 미묘한 차별은 현실에서 순간순간 확실한 자각의 경험을 선물한다. 몇 년 전의 일이다. 내가 담당하던 지점에서 고객 컴플레인이 제기되었다. 고객이 지점장을 찾으며 소리치고 있다는 사원의 보고에 곧바로 매장으로 향했다.

"안녕하세요? 지점장 찾으셨다고요? 제가 이 지점의 관리책임자 정경아 지점장입니다. 죄송합니다만, 어떤 불편을 겪으셨는지 여쭈어도 될까요?"

고객에게 정중하게 인사를 한 후 불편사항을 물었다. 고객은 화가 잔뜩 난 모습으로 나를 위아래로 훑어보며 소리쳤다.

"지점장 나오라고! 지점장!"

"네, 제가 지점장입니다. 무엇을 도와드릴지 말씀하십시오."

"아니, 당신 말고! 지점장, 남자 지점장 말이야!"

"네. 제가 지점장입니다. 우리 매장에는 남자 지점장이 없습니다. 제가 고객님이 찾는 지점장이니 하실 말씀 있으시면 저에게 하시면 됩니다."

"뭐야? 당신이, 아니 여자가 지점장이라고?"

고객은 어떻게 여자가 지점장이 될 수 있느냐며 황당한 표정을 지었고, 끝내 불편사항을 내게 말하지 않았다. 나는 혹시라도 여자에게 말하기 불편한 내용의 이야기인가 싶어 남자 직원을 불러드릴지도 여쭸으나 고객은 여전히 남자 지점장만을 찾았다.

"지점장인 저에게 하실 말씀이 있으면 지금 하시고, 없으시면 저는 이만 가보겠습니다."

있지도 않은 남자 지점장만을 찾는 고객에게 내가 해 줄 수 있는 일은 없었다. 고객을 만족시키고자 내가 남장을 하고 나타날 수도, 가짜인 남자 지점장을 데려올 수도 없는 일이었다. 하는 수 없이 나는 강경한 태도를 보였다.

나는 정중히 인사를 한 후 사무실로 돌아갔고, 결국 고객은 처음의 사원에게 자신의 불만을 호소하듯 풀어내는 것으로 상황을 종료했다. 지점장인 나에게 말했더라면 좀 더 건설적으로 해결되고, 어쩌면 적절한 보상까지도 받았을지 모를 일이 남자 지점장만 찾은 탓에 결국 하소연을 하는 정도로 만족해야 했다.

내가 '여자'인 것은 업무와는 전혀 무관한 것임에도 나는 수시로

'여자'임을 확인받아야 했다. '여자 지점장'에 대한 고객의 노골적인 거부 외에도 고위직 관리자는 당연히 남자일 것이라는 사회적 편견이 빚어낸 씁쓸한 해프닝은 수시로 벌어졌다.

후배 직원들과 함께 협력사와의 첫 미팅에 참석할 때면 어김없이 내 직책이나 직급 앞에는 '여성 1호 팀장', '유일한 여성 지점장'과 같이 성 수식어가 덧붙여졌다. 심지어는 나와 함께 간 남자 직원이 당연히 지점장일 것이라고 오해하는 일도 종종 벌어졌다. 당황한 직원이 "이 분이 지점장님이십니다"라고 나를 가리켰을 때 무안해하던 그들의 얼굴이 아직도 잊히지 않는다.

여자가 왜? 여자가 뭐!

"여자가 어디 감히!"

"여자가 어떻게?"

"넌 여자니까!"

나는 여자와 남자 중 '여자'로 태어났을 뿐인데, 그로 인한 수많은 제약과 편견들 속에서 살아야 했다. 이른 아침 출근길에 골목에서 불쑥 튀어나와 사고를 일으킬 뻔한 차의 운전자는 내게 사과는커녕 "여자가 재수 없게 아침부터 차를 끌고 나오느냐!"라며 버럭 소리를 질렀다. 나는 '아침에 차를 끌고 나오면 안 되는' 여자였기 때문이다.

나는 나름 정의롭고 용감한 성격이지만, 내 인생에 다시는 볼 일 없는 사람들에겐 끓어오르는 화를 억누르며 피해 가는 너그러움도 있다. 똥은 무서워서 피하는 게 아니라 더러워서 피하는 거니까. 그런데 정작 나를 힘들게 하는 것은 내 삶의 소중한 시간에 오랫동안 함께해야 하는 동료들이 내게 '여자'라는 이유로 비뚤어진 잣대를 들이밀 때이다.

연이어 거센 태풍이 몰아치던 해였다. 대규모 태풍이 지난 지 몇 주 지나지 않아 또다시 강력한 태풍이 불어닥쳤다. 텔레비전에서는 주의를 당부하는 관련 속보가 연일 방송되었고, 회사에서도 태풍과 관련한 이야기가 인사처럼 오갔다.

"어제 방송 봤어? 바람이 정말 심하게 불더라. 잘못하면 날아가겠더군. 그런데 왜 여자를 그런 곳으로 취재를 보내는 거야? 매너 없이 ……."

회의를 위해 모인 직원들이 자리에 앉으며 태풍과 관련한 이야기를 주고받는 중에 남자 선배 한 분이 말씀하셨다. 무슨 말을 하려는 것인지 이해가 되지 않았다. 여자든 남자든 일이 있으면 당연히 가야지, 상황에 따라 누군 되고 누군 안 되는 생각은 어디서 나온 건지 알 수가 없었다.

물론 그 선배는 강한 바람에 제대로 몸을 가누지 못하는 여자 기자가 측은하게 보여 배려 차원에서 남자를 보냈으면 좋았을 것이라는 말을 하고 싶었던 것 같다. 그 마음은 이해가 가지만 나는 생각이 달랐다. 여성 기자에 대한 진정한 배려는 바람이 분다고 현장취재를 하지 못하도록 하는 것이 아니라, 당연히 해야 하는 업무이기에 그 기자 본인이 직접 가서 취재하도록 하는 것이다. 기자를 기자로 인정해주고 업무를 구분하지 않는 것, 그것이 여성 기자에 대한 진정한 배려이다.

여자는 쉬운 일, 편안한 일만 해야 한다고 생각하는 이면에 혹시 여자는 그런 일밖에 할 수 없다고 생각하고 있는 것은 아닐까? 여자들의 업무에 대한 정의는 난이도나 경중과 관련한 것이 아니라, 온전히 그 일을 하고자 하는 여자의 의지와 능력에 달려 있다.

이런 그릇된 방식의 배려보다 더 심한 경우도 허다했다. 예컨대 아예 "여자가 어떻게 그 일을 해?"라며, 업무에 있어 금녀의 영역을 미리 규정짓는 것이다. 십수 년 전 지점에 여성 팀장이 없던 시절에 첫 여성 팀장으로 부임하면서 나는 기대감과 긴장감이 교차했다.

처음 발령받은 영업 부문 팀장은 나의 전공과 비슷한 점이 많았고, 사전에 충분한 교육을 받았던 터라 적응하기가 수월했다. 이후 지원을 담당하는 팀장으로 새롭게 발령을 받았는데, 지점의 모든 살림을 책임지는 자리로 인사, 총무, 대외업무 등 영업이 원활하게 돌아가기 위한 전반적인 서포트 업무를 하는 역할이었다.

모든 업무가 생소했지만 대관업무는 특히 부담스러웠다. 대관업무는 주로 관공서를 대상으로 필요한 부분을 협업하는 업무로, 지점을 안정적으로 운영하는 데 꼭 필요한 업무 중 하나였다. 내가 지원 부분의 팀장이 되기 전까지 회사의 어느 지점도 그 업무를 여자가 맡은 적은 없었다. 당시만 해도 대관업무는 암묵적으로 금녀의 영역이었기 때문이다. 그도 그럴 것이, 그 시절엔 기업이나 관공서에서 여자가 리더급 관리자로 있는 경우가 드물었기에 양측 모두 남자들끼리 만나 업무를 하는 것을 당연하게 여겼다.

상황이 이러하다 보니 여자인 내가 대관업무를 잘할 수 있을지 지켜보는 눈들이 많았다. 발령 후 지점의 다른 팀장들과 상견례를 하는 자리였다.

"이번에 지원 부문에 새로 발령받은 정경아 팀장입니다."

인사를 하자 그중 한 팀장이 어이가 없다는 듯이 말했다.

"여자가 무슨 대관을 해?"

비웃는 듯한 표정과 퉁명스러운 말투가 무척이나 거슬렸다. 가뜩이나 낯선 업무에 긴장되고 염려되던 내게 대놓고 부정적인 말을 하니 화도 나고 자존심도 상했다.

"왜 못해요? 여자는 대관업무를 못 한다고 누가 그래요?"

초면에 다소 무례한 말이긴 했지만, 나의 이미지를 망치더라도 그들의 삐뚤어진 생각에 일침 정도는 가하고 싶었다. "여자가 왜? 여자가 뭐!"냐며, 틀린 것을 바로잡지 않으면 그들은 계속 삐뚤어진 시선으로 여자들을 바라볼 것이다. 물론 말 한마디에 쉽게 고쳐질 생각은 아니기에 나는 더더욱 잘해 내고 싶은 마음이 컸다. 여자도 얼마든지 대관업무를 잘할 수 있다는 것을 보여줌으로써 그들이 그들만의 잣대로 그어놓은 금녀의 영역을 보란 듯이 깨부수고 싶었다.

'여자'는 '남자'와 구별되는 다른 성일 뿐, 결코 남자보다 부족한 존재가 아니다. 물론 개중에는 약한 여자나 부족한 여자가 있을 수 있다. 약한 남자나 부족한 남자가 있는 것처럼! 그러니 아무 데나 '여자'를 가져다 붙여서는 안 된다. '여자'는 죄가 없다.

나는
1인분인가?

병아리 직장인!
'기본기'를 다지자

이제 프로 직장인만이 살아남는다.
'남자'를 이기고 싶다면,
우선 '나'부터 점검하라.

기본은 탄탄하게,
업무는 퍼펙트하게.

1인분을 완성해야
다음 단계로 갈 힘이 생긴다.

미운 오리 새끼의
반란

"이게 뭐야? 이걸 컨펌 받으려고 가지고 온 거야?"

신입사원 시절에 들었던 상사의 한 마디가 아직도 생생하다. 꿈에 그리던 디자이너가 되고, 여러 달의 실습 과정을 거쳐 첫 번째 담당하게 된 업무의 컨펌을 받으러 간 자리였다. 기본 폴로 티셔츠에 들어갈 자수의 컬러를 정하는 일이었는데, 나름 고민하여 결정한 색을 보자마자 상사는 이런 조합은 처음 보았다며 혀를 내둘렀다. 의상디자인을 전공했으나 미술 전공자가 아니기에 전공자보다 색감이 부족할 것이라는 생각은 했다. 그런데 상사에게 단번에 내쳐질 정도의 수준일 거라곤 생각도 못 했다. 그래서인지 충격도 심했고, 없던 열등감도 생겨났다.

'서투니까 신입'이란 상투적인 말은 전혀 위로되지 않았다. 같은 시기에 입사한 동기는 명문대에서 시각디자인을 전공해서 그런지 일의 결과물이 나오는 비교가 안 될 정도로 훌륭했다. 옷에 배색으로 매칭되는 자수 컬러는 물론 제시한 샘플 컬러와 생산 원단의 컬러를 맞추는 비이커 테스트도, 스트라이프 티셔츠의 컬러 배색 테크닉도 세련되고 탁월했다. 그에 반해 내가 한 작업은 어색하고 촌스러운 느낌이 역력했다.

"이걸 옷이라고 만들어와요? 파충류가 입을 것도 아니고? 색상이 이게 뭐예요?"

언젠가 한 번은 생산이 완료된 시제품을 보고 상사가 생산부 직원에게 고래고래 호통을 쳤다. 살펴보니 내가 컬러를 지정해 생산지시를 한 옷이었다. 내 눈에는 분명 예쁘게 보였는데, 사실은 그게 아니었던 모양이다. '파충류가 입을 것'이냐는 말에 나는 쥐구멍에라도 들어가고 싶었다. 상사의 불같은 호통에도 끝내 내 잘못이라고 말하지 않은 그 생산부 직원의 의리가 아직도 고맙다.

비단 컬러 선택의 문제만이 아니었다. 초보 디자이너 시절의 나는 업무를 대하는 마인드와 태도도 어리숙했다. 연차가 조금 쌓여 외부 생산공장에 옷이 몸에 잘 맞는지를 보는 패턴 컨펌을 나갔는데, 다른 디자이너가 진행한 스타일의 장식 패치 원단이 품평회 때 보던 것과는 달라 보였다. 그대로 생산이 되면 옷과 어울리지 않을 것 같다는 생각이 들었으나 담당 디자이너가 어련히 잘 알아서 했을까 싶어 모른 척했다. 그런데 나중에 알고 보니 그 패치 원단은 구매부의 실수로 공장에 잘못 입고가 된 것이었고, 결국 애초의 의도와는 다른 이상한 제품이 생산되었다.

한 마디로 '원단 사고'였음에도 초기에 그것을 감지하고도 나는 상황의 심각성을 전혀 예측하지 못했다. 당시 나는 다른 사람의 업무에 내가 끼어드는 것이 실례라고 생각했다. 그런데 그것은 너무나 무책임하고 프로답지 못한 행동이었다. 뭔가 이상하다는 느낌이 오면 공장 사장님께 여쭙거나 담당 디자이너에게 상황을 알려주었어야 했다. 설령 내 담당 스타일이 아니어도 이상을 감지한 이상 일단은 관련된 사람들에게 알렸어야 했다. 나의 안일한 생각 때문에 결국 그 제품은 고스란히 악성 재고가 되었다. 그 일을 두고 나를 질타하는 사람은 아무도 없었지만, 그럼에도 나는 부끄러움과 죄책감에 한동안 고개를 들 수가 없었다.

이렇듯 나의 사원 시절은 엉성하기 짝이 없었다. 겨우겨우 취업은 했지만, 업무로 인정을 받지는 못했다. 브랜드 개편 때에도 나와 함께 일하기를 원하는 상사는 없었다. 나는 점점 자신감이 떨어지고 위축되어 갔다. 함께 입사한 동기는 갈수록 성장하여 상사의 컨펌 없이 독자적으로 제품생산을 하는 수준이 된 데 비해, 나는 꽤 오랫동안 상사의 지시와 감독을 받으며 일해야 했다.

학창 시절엔 무엇이든 잘한다는 칭찬도 꽤 들었던 터라, 이런 상황이 당혹스러웠다. 그리고 무엇보다 자신감과 자존감이 많이 무너져서, 회사만 오면 나는 점점 작아져 갔다. 어깨도 제대로 못 펴고 기죽어 있는 내 모습이 꼭 미운 오리 새끼를 보는 듯했다.

'너 언제까지 이렇게 살 거니? 더는 이런 못난 모습으로 살 수는 없어!'

그러던 어느 날, 문득 이대로 살아서는 안 된다는 생각이 들었다. 지난 내 노력의 시간이 아까웠고, 지금처럼 못나게 살다가 회사에서 밀려나 인생의 낙오자가 되는 것도 두려웠다.

'그래, 물속에서 더 열심히 발을 저으면 되지! 일단 해 보자고!'

아름답고 우아한 백조가 물속에서 쉼 없이 발을 내젓듯이 나도 한 번 그래 보자는 오기가 생겼다. 지금까지도 많이 노력했지만, 그게 부족하다면 더 노력하면 된다. 될 때까지 노력한다면 못 할 것도 없다는 생각이 들었다.

당시 나의 가장 큰 취약점이었던 색채감각을 높이려면 무조건 색을 많이 접하는 방법밖엔 없었다. 주말이면 인사동과 과천 미술관을 돌며 안목을 높였고, 미술관이 문을 닫는 늦은 오후에는 대형서점으로 자리를 옮겨 미술 서적을 탐독했다. 그리고 디자인 감각을 익히는 데는 브랜드 디자인을 많이 접하는 것이 큰 도움이 되기에, 나는 최신 패션잡지는 물론 청계천 중고책방에서 철 지난 중고잡지까지 섭렵했다.

다른 미술 전공자들과 비교했을 때 빠지지 않을 나만의 강점은 무엇이 있을까 치열하게 고민하기 시작했다. 그리고 그렇게 찾아낸 것이 패턴 제작과 기획력이었다. 대학 시절의 전공이었던 패턴 관련 서적을 다시 꺼내어 살피며 디자인할 패턴을 정교하게 그려 보았다. 그리고 특정 취향으로 편중된 디자인을 하지 않도록 시즌의 모든 디자인을 조그맣게 축소하여 모은 기획 보드도 만들었다. 기획 보드는 수

많은 디자인을 한눈에 살피며 부족한 디자인 방향을 보완할 수 있었기에 나의 기획력을 향상하는 결과를 가져왔다.

미운 오리 새끼로 보낸 시간들 덕분에 나는 모르는 분야라고 해서 무조건 포기할 이유는 없다는 것을 깨닫게 됐다. 오히려 전혀 알지 못하는 분야에 대해 더 적극적으로 고민하고 접근함으로써 나만의 새로운 대안과 해법을 찾을 수 있다는 것도 알게 됐다.

백지와도 같은 상태임을 인정하고 가장 아래로부터 시작한 나의 노력은 입사 6년 무렵에 런칭 초기 브랜드의 디자인 실장이 되면서부터 그 빛을 본격적으로 드러내기 시작했다. 기존의 브랜드 콘셉트 안에서 특정 상품만을 담당하는 디자이너로 일하다가 디자인 실장이 되니 콘셉트를 보완할 수 있는 권한이 생겼고, 나의 의견과 감각을 적극적으로 발휘할 힘도 생겼다. 나는 좀 더 분명한 타깃을 세우고, 그들을 공략하는 디자인 콘셉트를 제안했고, 얼마 지나지 않아 큰 성과를 거뒀다. 나의 묵은 내공을 마침내 제대로 인정받은 것이다.

그 시점부터 내게 중요한 브랜드와 업무가 많이 맡겨졌고, 그 결과물에 대한 평가도 꽤 좋았다. 특히 이전과는 다른 참신하고 차별화된 접근이라는 평가를 주로 받았는데, 그간 다양한 분야의 지식과 정보를 내 안에 쌓고, 그것을 적절히 융합하여 상황별로 꺼내 쓸 수 있는 나만의 독특한 접근법을 만들어 낸 덕분인 듯해서 무척 기뻤다.

가끔 내 지금의 모습만을 보고, 나를 롤모델로 삼고 있다는 후배들을 만난다. 자신들도 유리천장을 당당하게 깨고 싶다는 그 모습이

기특하기도 하고, 뭉클하기도 해서 나는 늘 솔직하게 내 사원 시절의 에피소드를 들려준다. 처음 한두 번의 실패가 끝까지 가지 않는다는 걸 그들도 알았으면 하기 때문이다. 물론 멋진 백조가 되고 싶다면 남들보다 더 열심히 발을 내저어보라는 조언도 잊지 않는다. 서툴고 부족한 것은 큰 문제가 되지 않는다. 진짜 문제는 부족한 나를 알고도 채우려고 노력하지 않는 것이다. 미운 오리 새끼의 껍데기를 벗은 아름답고 멋진 백조로의 변신은 부족함을 채워 '기본'을 갖추는 것에서 시작한다.

나는 프로 직장인이다

직장생활이 살얼음판 위를 걷는 듯이 불안한 사람들이 있다. 오늘은 또 어떤 일로 혼이 날지 전전긍긍하며 상사의 눈치를 살피고, 심지어 어느 날 갑자기 쫓겨나는 것은 아닐까 염려하며 불안에 떨기도 한다. 자신이 '1인분'이 아니란 것을 알기 때문이다.

고용불안에 떨지 않고, 마음 편히 회사에 다니려면 무엇보다 업무와 관련한 나의 실력을 키워야 한다. 엄청난 잘못이나 문제를 일으키지 않는 한 회사가 일 잘하는 직원을 내보내는 일은 없다. 경영난 등으로 구조조정을 할 때도 일 잘하는 직원은 웬만해선 내보내지 않는다. 남성 위주의 조직에서조차 일 잘하는 여자는 그리 쉽게 밀려나지 않는다. 일 잘하는 직원을 내보내는 것이 큰 손해라는 것을 회사는 너무나 잘 알기 때문이다.

일을 잘한다는 것에 대한 각자의 기준이 조금씩 다를 수 있지만 나는 그 출발점을 '1인분'으로 본다. 회사나 동료에게 피해를 주지 않으려면 최소한 내 월급만큼은, 즉 1인분은 완벽히 해내야 한다. 내가 미처 채우지 못한 1인분은 동료와 회사에 고스란히 피해로 돌아가니

위기의 상황에서 굳이 회사가 나까지 품을 이유가 없다. 따라서 고용 불안 없는 안전한 직장생활을 하고, 나아가 탁월한 성과를 창출해 고위직 관리자가 되는 첫 출발점은 '프로 직장인'이 되는 것이다.

내 몫의 1인분을 완벽히 수행해내고, 마침내 프로 직장인이 되는 길은 사실 그리 어렵지 않다. 업무의 마감을 잘 지키고 내게 주어진 일에 책임을 다하며, 반복되는 실수를 하지 않고 남 탓하지 않으며, 요행과 꼼수를 바라지 않는 등 그저 직장인의 기본이자 도리를 지키면 가능한 일이다. 그럼에도 이러한 기본이 강조되는 것은, 당연하다 여겨지는 그것마저도 제대로 해내지 못하는 무늬만 직장인인 사람들이 있기 때문이다.

오래전에 함께 일했던 후배 사원인 P는 걸핏하면 마감을 어겨 함께 일하는 동료들에게 피해를 주곤 했다. 모든 업무에는 데드라인이 있다. 내가 하는 업무가 유관부서와 상급자의 일정과도 연결되어 있기에 마감을 지키는 것은 업무의 기본이다. 그리고 이러한 기본이 쌓여 실력이 된다.

P는 밝은 성격에 동료들과의 관계도 좋았다. 그런데 유독 업무의 데드라인에 대한 개념이 없었다. 마감이 지나도 보고서가 들어오지 않아 재촉하면 입으론 다 되었다고 대답하고는 짧게는 한두 시간을, 길게는 2~3일을 넘긴 적이 허다했다.

P의 보고서를 토대로 내 위의 상급자에게 2차 보고를 해야 하는 경우엔 더 난감했다. 거듭해서 주의를 주었지만 도통 나아지질 않았

다. 나중에는 P가 담당한 보고서를 내가 직접 작성하는 일까지 생겼다. 이러한 일이 누적되자 P의 업무 능력에 대한 나의 신뢰는 최하 수준에 가까웠다. 꼭 필요한 상황이 아니면 아예 P에겐 지시 자체를 하지 않게 되었다.

물론 업무의 마감을 잘 지킨다고 해서 프로 직장인이 되는 것은 아니다. K는 마감만큼은 완벽할 정도로 잘 지켰다. 그러나 K의 보고서는 읽기도 전에 짜증부터 났다. 온통 오타투성이인 데다 구어체를 사용하여 동화책을 읽는 느낌까지 들었다. K의 보고서를 재구성하려면 2배 이상의 시간이 걸렸다.

명료한 보고서 작성법을 여러 차례 가르쳐 주었는데도 불구하고 도통 나아지질 않았다. 오타는 프로그램에 돌려보기만 해도 수정이 가능한데 그 정도의 노력조차 하지 않는 것 같았다. 여러 번의 요청에도 나아지지 않아 나중에는 K의 직무변경을 고민하게 되었다.

보고서 작성과 같은 직접적인 업무 능력 외에 근무태도 역시 직장인으로서의 전문성을 완성하는 중요한 요소이다. J는 잦은 지각은 물론이고, 당연히 참석해야 하는 전체 회의에도 참석하지 않는 불량한 근무태도를 보였다. 팀 과제를 수행할 때도 본인 위주로 생각하고 동료를 배려하지 않아 주위의 불만이 컸다. 그뿐만이 아니다. J는 물품을 잃어버리는 일도 잦았는데, 사적인 물품이야 그렇다 쳐도 회사의 중요한 비품이나 문서도 종종 잃어버려 업무 분위기를 흐리는 일도 많았다. 언젠가 한 번은 정보보안이 요구되는 문서를 화장실에 두고 그냥 나오는 바람에 타부서의 식원이 기저다준 일도 있었다. 그나마 외부에서 잃어버리지 않은 게 다행이라며 모두가 놀란 가슴을 쓸어내려야 했다.

이처럼 1인분을 채우려면 한참이나 모자라 보이는 J이지만 유독 특출한 능력을 보이는 분야가 있었다. 바로 회사에서 제공하는 복지 혜택을 챙기는 일이다. J는 복리후생을 담당하는 인사팀 사원보다 관련 내용을 더 자세히 숙지하고 있었다. 사원들이 일반적으로 사용하는 혜택 이외에 몰라서라도 못 쓰는 내용까지 줄줄이 꿰고 있었고, 일정이 여의치 않으면 사전 조율 없는 갑작스러운 근무 스케줄 조정도 불사했다. 오죽하면 동료들 사이에선 이러다 결혼 축의금을 받기 위해 결혼을 한 번 더 하는 게 아니냐는 비아냥까지 나올 정도였다.

권리는 중요하다. 당연히 누려야 하는 부분임에는 이견이 없다. 그러나 책임을 다한 이후에 주장하는 권리가 의미가 있고 성숙하다. 본인의 할 도리는 하지 않으면서 본인이 누려야 하는 권리만 주장하는 것은 바람직하지 않다.

회사에서 내 자리는 결국 내가 만드는 것이다. 회사는 월급이 아까운 직원에게 결코 편안한 자리를 내어주지 않는다. 월급이 아깝지 않은 직원, 나아가 월급을 올려주면서까지 모시고 있고 싶은 직원이 되어야 한다. 그 출발점은 내가 온전한 1인분의 역할을 해내고, 프로 직장인이 되는 것이다.

일단 '일'부터
제대로 합시다!

언젠가 지점의 후배들과 각자의 장점을 칭찬해 주는 게임을 한 적이 있다. 나의 장점을 칭찬하는 차례가 되자 후배 한 명이 주저 없이 대답했다.

"지점장님은 일 잘하시잖아요."

짧고 담백한 그 말이 나는 그 어떤 화려한 칭찬보다 마음에 들었다. 일 잘하는 사람! 직장인에게 그 이상의 찬사는 없을 것이다.

직장생활에서 일은 기본이다. 일을 잘해야 다음의 과정도 기대할수 있다. 일을 잘하기 위한 출발점은 앞서 말했듯이 내 몫으로 주어진 '1인분'을 완성하는 데 있다. 그리고 이 1인분의 완성은 '책임감'으로부터 출발한다.

패션업계에서 사원 시절을 보내던 때의 일이다. 신규 브랜드 런칭일이 얼마 남지 않은 상황이라 팀원들 모두 정신이 없었다. 그런 와중에 제품의 생산을 맡은 공장 사장님이 납기를 맞추기가 힘들다며 전화를 하셨다. 팀원 모두가 몇 달 동안 고생한 일에 차질이 생긴다고 생각하니 갑자기 눈앞이 깜깜해졌다.

전화로 설득하는 것에 한계가 느껴지자 나는 무작정 공장으로 달려갔다. 제품 납기가 지연되면 런칭일도 밀리게 되어 큰 손실이 발생할 수 있었던 상황인지라 공장 사장님을 직접 만나서 어떻게든 납기 안에 제품을 생산할 수 있도록 할 작정이었다.

3시간이 넘는 길을 달려 공장에 도착했지만 결국 바라던 답을 듣지 못했다. 그러나 나는 포기하지 않았다. 안 된다는 말을 들으러 달려온 길이 아니었기에 퇴근하는 사장님을 따라 집까지 찾아가 거듭 부탁을 드렸다. 그마저도 실패하자 나는 근처 숙박업소에서 잠시 눈을 붙인 뒤에 다음 날 아침 일찍 공장에서 사장님이 출근하시길 기다렸다. 그렇게 다시 몇 시간의 간절한 호소 끝에 결국 사장님은 어떻게든 납기를 맞춰주겠노라고 약속하셨다.

평소답지 않은 늦은 출근을 하니 다들 걱정스러운 눈빛으로 바라보았지만 나는 무조건 죄송하다는 말만 했다. 다행히 평소에 성실한 모습을 보였던 덕분인지 나의 예고 없는 지각에 대해 더는 묻지 않으셨다. 그렇게 한 달여가 지나고, 브랜드 런칭이 예정된 날에 성공적으로 이루어졌다. 신생 브랜드로서 소비자들의 관심을 끌기에는 부족함이 없어 보였다. 나를 포함해 함께한 사람 모두가 서로에게 그간의 노력에 감사하며 자축했다.

"경아 씨, 그동안 정말 고생 많았어요. 경아 씨가 아니었다면 우리 오늘 이렇게 축배를 들지 못했을 거예요. 공장 사장님이 경아 씨 정성에 감동해서 직원까지 보충해가며 납기를 맞췄다고 하더군요."

실장님은 우연한 기회에 공장 사장님을 통해서 그날의 일을 듣게 되었다며, 내게 고맙고 미안하다고 말씀하셨다. 30년 가까운 긴 세월이 지난 지금도 참으로 고생스럽고 진땀나던 하루로 기억되지만, 다시 그때로 돌아간다고 해도 나는 그럴 수밖에 없을 것이다.

지금 와 생각해 보면 아쉬운 점이 있다. 만약 공장 사장님이 실장님에게 내 이야기를 끝까지 해 주지 않았더라면, 실장님이 나의 노력을 어떻게 온전히 알 수 있었을까? 당시의 나는 내가 회사와 팀을 위해 어떤 노력을 했고 어떤 성과를 냈는지에 대해 구구절절 말하는 것이 괜한 생색처럼 여겨져서 어색했다. 그러나 개인의 능력을 직접 어필하는 것을 강점으로 치는 요즘에는 겸손이 미덕이라며 무작정 침묵하는 것은 오히려 답답하고 미련해 보일 수 있다. 상사가 볼 때도 침묵으로 괜한 오해와 걱정을 하게 만드는 사원보단 지각의 이유를 분명하게 밝히며 자신의 노력을 어필하는 사원이 더 당당하고 멋져 보인다. 그러므로 만약 이 책을 읽는 독자 중 나와 같은 상황을 맞닥뜨린 이가 있다면 꼭 자신이 '잘한' 티를 내라고 말해 주고 싶다.

대학을 졸업하고 어려운 취업 관문을 뚫을 정도의 사람이라면 기본적인 책임감은 있을 것이라 짐작하지만, 그렇지 않은 경우도 많다. 그래서 신입 시절부터 내게 주어진 업무에 책임을 다하는 것을 습관처럼 길들여두어야 한다. 그리고 책임감에도 경중이 있기에 "저 사람에게 일을 맡기면 전혀 걱정할 필요가 없다"라는 믿음이 생길 정도로 탁월한 책임감을 갖추도록 노력해야 한다. 깅힌 책임감이 있는 사람에겐 업무적 능력을 성장시키고 인정받을 좋은 기회가 더 자주 주어진다. 상사는 중도에서 포기하지 않고 끝까지 맡은 바 임무를 수행하는 사람에게만 더 큰 기회를 주기 때문이다.

업무에 경력이 쌓이고 직급이 올라갈수록 책임의 영역도 그만큼 넓어지고 무거워진다. 권한이 커지는 만큼 책임도 함께 커지기 때문이다. 특히 새로운 영역으로 업무가 확장되는 경우엔, 그것이 이전까지 경험하지 않은 낯선 분야라면 그 책임감은 몇 배로 커진다. 그럼에도 포기하지 않고 최선을 다해 완수해 낸다면 이전보다 훨씬 더 큰 성과를 얻을 수 있다.

뭐라도 해야,
뭐라도 된다

우리는 늘 꿈을 꾼다. 무언가가 되기를, 무언가를 이루기를, 무언가를 갖기를 꿈꾼다. 그러나 그 꿈을 이루는 사람은 그리 많지 않다. 꿈을 이루기 위해 실행하지 않는 이에게 꿈은 영원히 꿈으로만 머물 뿐이다.

누구나 꿈꿀 수 있다. 그러나 꿈을 이루기 위해 누구나 실행을 하지는 않는다. 꿈은 계획을 세우고 그 계획을 이루기 위해 실행을 해야지만 비로소 현실이 된다. 물론 실행한다고 해서 반드시 이룬다는 보장은 없다. 하지만 적어도 성공의 가능성은 열린다. 실행하지 않으면 성공할 가능성은 제로이지만, 실행하면 성공할 가능성은 최대 100%까지 올라가게 된다.

함께한 지 수년이 넘는 후배 C는 늘 작가가 되고 싶다고 말한다. 글을 쓰는 것이 좋아서 국어국문학과에 들어갔으나 결혼과 가장이라는 현실적인 부분과 타협하며 우선은 취업을 선택했다고 한다.

"작가의 꿈은 어찌 됐어? 글은 조금씩이라도 쓰고 있어?"

나는 C를 만날 때면 종종 작가의 꿈은 어찌 되었는지를 묻는다. 그때마다 C는 여전히 꿈꾸고 있다고 말한다. 나는 선뜻 이해가 되지 않았다. 작가가 되고 싶다면 당장이라도 글을 쓰면 되는데, 왜 계속 꿈만 꾸는 것일까.

"회사 일 때문에 글 쓸 시간이 없어요."

시간이 없다는 것도 핑계에 불과하다. 전업 작가를 꿈꾸는 게 아니라면 글을 쓰는 것은 의지만 있다면 얼마든지 직장생활과 병행할 수 있는 일이다. 나는 퇴근 후에 조금씩이라도 글을 쓰는 게 좋지 않겠느냐고 조언하지만, 그때마다 C는 "여전히 꿈꾸는 중"이라고 말한다. 그나마 포기하지 않은 게 다행스럽긴 하지만 한편으론 실행하지 않는 꿈의 한계를 보는 듯해 안타까웠다.

열정적인 꿈을 꾸고 새로운 것에 도전하는 것도 중요하지만 그보다 중요한 것은 현실과의 교량 역할을 하는 '실행'이다. 열정과 도전에 날개를 달아주는 유일한 방법이 실행이다. 귀찮기도 하고 힘들고 외롭기도 한, 쉽지 않은 과정이지만 그런 어려움 없이 내 꿈을 이룰 수는 없다.

일도 마찬가지이다. 내가 무엇인가를 실행해야지만 비로소 성과가 나타날 수 있다. 아무리 좋은 계획을 세워도 실행이 뒤따르지 않으면 그 계획은 계획으로만 끝난다. 몇 년 전 함께 근무했던 후배 P는 회의 시간엔 온갖 아이디어를 늘어놓지만 이렇다 할 결과물은 거의 내놓지 않았다. 중간에 일이 잘 진행되고 있는지 확인하면 계획대로 잘 되고 있으니 전혀 걱정할 것 없다며 너스레를 떨었는데, 막상 마감일이 다가와 결과물을 챙기면 해놓은 게 거의 없는 상태였다. 그리곤 그제야 이런저런 변명을 늘어놓으며 사과하기에 급급하다.

일하는 사람은 입이 바쁘면 안 된다. 일은 움직여서 하는 것이기에 입은 좀 쉬게 하고 손발이 바빠야 바라던 성과를 얻을 수 있다. 개인적인 꿈이야 이루지 못하면 본인만 손해이지만 기업과 같은 조직은 다르다. 실행이 뒤따르지 않아 낭패로 만들어버린 목표는 조직 전체의 피해로 돌아간다. 이런 이유로 나는 '입으로 일하는 사람'을 가장 경계한다. 말로는 할 것처럼 하고, 말로는 다 된 것처럼 얘기하지만 실상은 그렇지 않은 사람은 신뢰도 가지 않고 함께하기도 꺼려진다.

한 번은 이런 일이 있었다. 신입사원의 딱지를 뗀 지 얼마 되지 않은 K가 신입사원 B를 부사수로 맞게 되었다. K는 평소 행동보다는 말이 앞서는 편인데다, 한창 일을 배워야 하는 시기에 후배까지 챙겨야 하니 부담이 되지 않을까 염려스러웠다. 하루는 협력사 미팅을 마친 후 일행과 함께 회사로 복귀하는데 K가 회사 근처 카페에서 주문한 커피를 기다리는 듯 서 있었다. 퇴근 무렵 K의 자리로 다가가 물었다.

"아까 근무시간에 회사 외부 카페에 있던데, 무슨 일이에요? 내가 모르는 외부 미팅이 있는 것도 아닐 테고……."

"지시하신 일은 걱정하지 마십시오. B에게 하라고 했으니 말씀하신 시간 안에 보고드리겠습니다."

별일 아니란 듯이 천연덕스럽게 대답하는 K의 모습에 어이가 없었다. 상사가 자신에게 처리하라고 한 일을 이제 갓 입사한 후배에게 넘겨주고 본인은 느긋하게 커피 타임을 즐기며 상사 코스프레를 하고 있다니! 더군다나 일을 하나라도 더 배워야 할 시기에 본인의 일을 후배에게 떠넘기는 건 결국 K 자신에게도 독이 되는 일이었다.

직급의 높고 낮음을 떠나 각자의 자리에서 최선을 다해 일한다는 것이 평소 나의 소신이었다. 그러려면 입보다 더 바빠야 하는 것이 머리이고, 머리보다 더 바빠야 하는 것이 손발이다. 직책에 따라 정도의 차이는 있겠지만 그 어떤 직책이나 직급도 입만 살아서 되는 일은 없다.

'구슬이 서 말이라도 꿰어야 보배'라는 말이 있다. 구슬이 아무리 많아도 꿰지 않으면 쓸모가 없다는 의미이다. 아이디어나 계획이 아무리 많아도 실행하지 않으면 아무것도 아닌 것이 된다. 직장생활을 하다 보면 의외로 실행력을 가진 사람이 많지 않다. 아직 시간이 남아 있다는 이유로, 귀찮으니 나중에 해야겠다는 이유로 뒤로 미루거나 아예 하지 않는 경우가 많다.

최고의 실행력은 '말과 동시에', '생각과 동시에' 하는 것이다. 마치 100m 달리기 출발점에서 대기하고 있다가 총성이 들리자마자 총알같이 뛰어 나가는 것과 같이, 기왕 할 것이라면 지금 당장 하는 것이 좋다.

남보다 빠른 실행력은 직장에서 나의 가치를 높여 주는 큰 자산이 된다. 어차피 해야 할 일인 만큼 신속히 하고 나면 시간이 남게 되고, 그 시간에 다음으로 해야 할 일을 당겨서 하면 거기에 대한 실행력도 높아지게 된다. 즉 한 번 빠른 실행력으로 결과를 앞당기면 이후의 모든 결과도 빨라지는 선순환 효과를 볼 수 있다.

효율적인
시간 관리 대원칙

"여러분! 세상에서 가장 귀하고 비싼 금이 무엇인지 아십니까?"

저녁 모임을 시작하며 건배를 하려는데 한 후배가 자리에서 벌떡 일어나 물었다. 무슨 소리인가 싶어 귀를 기울였다.

"바로 지금입니다. 지금 이 시각에 함께하고 있는 여러분, 사랑합니다!"

순간 야유가 쏟아졌다. 어느 시대 개그냐며 짓궂게 타박했지만, 사실 후배의 그 말은 진리에 가까운 금언이었다. 억만금을 주고도 살 수 없는 것이 바로 지금이니 말이다.

'오늘을 최선을 다해 살아라.'

성공을 위한 자기계발서에서 공통으로 등장하는, 너무나 익숙한 말이라 쉽게 흘려보내는 이 말은 그 어떤 교훈이나 명언보다 가치 있는 가르침이다. 내일이라는 시간은 나의 것이 아니다. 시간이 지나면 당연한 듯이 내게 주어지는 것이 아니다. 우리에게는 지금, 이 순간만이 있을 뿐이다. 그래서 오늘 해야 할 일이 있으면 오늘 해야 한다.

무수한 점이 모여 선이 되듯 하루하루 최선을 다했던 시간이 모여 꿈을 이루고 목표에 도달하게 해준다. 그러니 오늘 최선을 다해서 보낸 하루는 내 미래를 채워주는 촘촘한 바탕이 된다.

하루 24시간은 누구에게나 공평하게 주어진다. 그러나 사람마다 느끼는 시간의 양과 질은 제각각이다. 누구는 무엇인가를 하기에 시간이 턱없이 부족하다 하고 누구는 시간이 남아돌아 주체할 수가 없다 한다. 또 누구는 알찬 시간을 보내며 뿌듯해하고 누구는 무료하고 소모적인 시간을 보내며 허망해한다. 이렇듯 시간은 다양한 모습으로 나와 함께 있다.

그리고 이렇게 시간을 다양하게 만드는 것은 바로 나 자신이다. 내가 어떻게 시간을 활용했느냐에 따라 시간은 다른 모습으로 내게 영향을 미친다. 시간을 알차게 보내는 제1원칙은 시간을 좀먹는 시간 도둑들에게서 멀어져야 한다는 것이다. 우리는 SNS, 인터넷쇼핑, TV 등 여러 요소에 시간을 빼앗기고 있고, 그것들을 제거하는 것만으로도 남들보다 많은 시간을 확보할 수 있다.

어느 토요일 오후, 무심코 집어 든 스마트폰을 3시간이나 한 적이 있다. 시간 가는 줄 모르다가 초인종 소리가 들려 일어났고, 시계를 보니 3시간이 훌쩍 지나가 있었다. 3시간 동안 내가 무엇을 했는지 내 머릿속에 남는 것은 하나도 없었다. 나의 황금 같은 시간이 나도 모르는 사이에 공기 중으로 날아가 버린 것이다.

불필요한 시간 낭비를 막고 알차게 사용하는 것만으로도 나의 목표 달성 가능성은 커진다. 도전하고 실천하려면 시간이 있어야 하니 최대한 많은 시간 확보가 필요하다. 그러기 위해서는 나의 시간을 빼앗는 시간 도둑과는 이별해야 한다.

내게 주어진 시간을 알차고 의미 있게 사용하기 위한 제2원칙은 귀찮음과 타협하지 않는 것이다. 해야 할 일을 눈앞에 두고도 미루거나 귀찮다는 이유로 아무것도 하지 않는 것도 시간을 허비하는 짓이다.

친하게 지냈던 후배 B는 늘 "귀찮다"라는 말을 달고 살았다. 회사에서의 업무는 자신에게 주어진 것이니 어쩔 수 없이 하지만 그 외의 것들엔 늘 "귀찮아, 하기 싫어"라고 말했다. 점심 식사 후 남은 시간을 활용해 동료들이 밖에 나가 바람을 쐬자고 하여도, 퇴근 후 영화를 보자고 하여도 B의 대답은 늘 "귀찮아"였다. 심지어 남자친구가 무언가를 함께하자고 제안해도 귀찮다며 손을 내저었다.

결국 B는 회사를 오래 다니지 못하고 그만두었는데, 이후 남자친구와 헤어졌다는 소식도 들려왔다. B는 명석하고 업무적 감각도 있어서 마음먹고 업무에 임하면 충분히 성장할 수 있는 친구였다. 그래서인지 나는 그녀의 능력이 귀찮음에 파묻혀버린 것이 못내 아쉬웠다. 어렵사리 공부해서 대학을 들어가고 남들이 부러워하는 대기업에 입사해 중요한 자리에 발령을 받았지만, 결국 입버릇처럼 말하는 귀찮음 때문에 B는 회사와 너무 이른 결별을 했다.

나 역시 귀찮아서 해야 할 일을 눈감고 안 하는 경우가 종종 있다.

바로 처리하면 5분도 안 되어 끝날 협업부서의 제품 문의 메일을 미루다가 한꺼번에 처리하기도 하고, 퇴근 후 입었던 옷을 방바닥에 허물처럼 벗어두어 주말에 정리한 적도 많다. 회사의 업무에선 최대한 그러지 않으려고 노력하지만 나도 모르는 사이 뒷전으로 밀린 일들이 있을 수도 있다.

나의 시간을 낭비하는 것은 부족한 나의 능력도, 불가항력인 사회 구조의 문제도 아닌 바로 귀찮음과 타협하는 나 자신이다. 사소하게 느껴지는 일일지라도 그런 귀찮음이 쌓이고 쌓여 그만큼의 시간이 버려진다. 귀찮음에 뒷전으로 밀린 일들을 제때 했더라면 나는 그만큼의 시간을 벌었을 테다. 그렇게 놓친 시간을 모으면 결코 적지 않을 터라 나는 오늘도 귀찮음과 타협하지 않으려 마음의 고삐를 살짝 더 움켜쥔다. 귀찮음은 본능과도 같지만, 그나마 다행인 것은 나의 의지로 그것을 극복할 수 있다는 점이다. 귀찮은 마음보다 해야 한다는 마음이 조금 더 앞서면 얼마든지 극복할 수 있다. 그렇다면 구체적으론 어떻게 시간 관리를 하는 것이 좋을까? 사람마다 저마다의 방법이 있지만, 여기서는 내 경험을 바탕으로 도움이 되었던 시간 관리법을 몇 가지 소개하고 싶다.

나의 신체 리듬에 맞춰 업무를 나눠라

효율적인 시간 관리를 위해 첫 번째로 해야 할 일은 나의 신체 리듬을 정확하게 파악하는 것이다. 가장 두뇌 회전이 잘 되고 에너지 넘치는 시간대에는 머리를 많이 쓰는 복잡한 업무에 집중하고, 비교적 덜 중요하거나 머리 사용이 덜 필요한 업무는 그 외의 시간으로 배치한다.

나의 경우는 오전 8시부터 11시까지가 가장 머리가 맑고 두뇌 회전이 잘 되는 시간이다. 머리가 무거운 오후에 일하는 것과 비교하여 몇 배의 능률이 있으므로 기획안이나 보고서를 작성하는 등의 중요하거나 머리를 쓰는 일은 이 시간에 모아서 한다. 황금 같은 시간이니만큼 동료가 티타임을 하자고 유혹을 해도, 주위에서 재미있는 잡담을 나눠도 동요하지 않으려 노력한다. 피치 못 할 일이 아니면 황금 같은 이 시간은 반드시 확보하려 하는데, 이 시간 동안에 집중적으로 목표하는 바의 일을 끝내야만 상쾌한 기분으로 오후 업무도 이어갈 수 있다.

업무를 시각화하라

효율적인 시간 관리를 위해서는 내가 해야 할 일들을 머릿속에서 끄집어내어 시각화할 필요가 있다. 업무 일정이 한눈에 보이도록 메

● 7월 PLAN
* 상반기 미결업무 체크 및 완성 (7/3/금)
* 하반기 시작이다, 힘내서 고고!!

구분	월	화	수	목	금	토	일
주요 계획 * 상반기 실적 정리 * 추석 마케팅 계획 * 가을 시즌 품평 * 여벌 준비 * 겨울시즌 기획방향 정리			1 * 상반기 업무체크 종료 * 하반기 매출 목표 확정 * 고객분석 시스템 확인 * 2시 하반기 협력사 상담 * 제품보드 완성 * 샘플실 정리	2 * 9시 상품 개발·미팅 (전주 동향·선전체크) * 11시 마케팅·미팅 * 녹차장·점심식사 * 언론기사 선정 * 판매동향 보고 * 차주 업무계획 F/B	3 * 주간판매 데이터 분석 * 중국공장 생산 확인 * 샘플리스트 F/B * 하반기 목표 등록	4 * 시장 조사	5
	6 * 9시 부부영업회의	7	8	9 * 9시 상품 개발 미팅 (발표준비, 질문체크) * 제품카드 문안 작성 * 천안 부자재 입고 확인 * 차주 업무계획 F/B	10 * 주간판매 데이터 분석 * 품평회장 1차 세일 * 추석 마케팅 계획	11 * 12 김대리결혼	12
	* 2시 부서영업회의		* 4시 생산팀 미팅				
			"오전내내 추석 마케팅 계획!!"				
아이디어 * 제품실적관리를 변경? * 상품설명서 추가고지? * 트렌드 상품코너 신설? * 해외쇼핑몰 입점?	13	14 * 6시 가온 대표님 식사	15	16 * 6시 팀웍 저녁식사	17	18	19
	20 * 월 미결업무 중간점검	21	22 * 3시 대진 협력사 방문	23 * 2시 봉사활동 외출	24 * 차별 업무계획 보고	25	26 * 12 신차장 등
	27 * 7월 업무 종료 목표	28	29	30			

모해두면 업무를 놓치는 일도 없고, 계획된 일정 안에 해내기 위해 시간을 더욱 꼼꼼히 사용하게 된다.

나는 시중에서 판매하는 다이어리는 개인적으로 선호하지 않는다. 만들어진 틀에 맞춰 메모해야 한다는 부담도 있고, 무엇보다 내가 해야 할 일들을 기록할 때 칸이 부족해 계획을 줄여야 하는 어이없는 상황이 생길 때도 있기 때문이다.

나의 다이어리는 20년 가까이 A4 이면지이다. 기한이 지난 출력물 뒷장이 부담 없이 쓰기에 가장 좋다. 내가 해야 하는 일들을 다 기록할 만한 분량의 칸을 원하는 대로 그리고, 계획한 일을 끝낼 때마다 볼펜으로 죽죽 지워나가면 된다. 이때 모든 칸을 같은 크기로 그리기보다는, 스케줄을 짤 때 바로 시작되는 주의 칸을 넓게 그리는 것이 좋다. 가까운 일정일수록 확정 업무가 많을 테니, 단계적으로 공간을 할애하는 것이다.

회사에서 일하다 보면 내 계획뿐 아니라 외부에서 불쑥 들어오는 업무나 상사가 급하게 지시한 업무들이 수시로 생기는데, 이면지 다이어리는 부담 없이 버리고 새로 쓸 수 있다는 점에서도 좋다. 시간의 주최가 '다이어리'가 아닌 '나'라는 걸 확실하게 인지하는데도 예쁘게 꾸민 일정표보다 그때그때 수정사항을 적고 수정한 A4용지가 편하다.

시간 단위는 길게 끊어라

업무를 할 때 데일리로 일정 관리를 하는 것은 추천하지 않는다. 회사는 연속성이 있는 업무가 많기에 최소 한 달 이상의 계획을 한 눈으로 볼 수 있어야 거시적 시각으로 업무의 계획을 세울 수 있다. 또 유사한 업무를 합치거나, 계획한 업무를 마쳤을 때 다음의 업무를 앞당겨 진행하는 등 융통성 있게 시간을 관리할 수도 있다.

처음부터 한 달 단위의 일정 관리가 어렵다면 1주 단위부터 시작해도 괜찮다. 단 계획표는 한 달 이상 단위로 그리고, 내용을 기록하는 것만 1주 단위로 작성해야 한다. 익숙해지면 계획 작성 단위 기간이 길어지게 되는데, 나는 보통 3개월 정도의 일정이 한눈에 들어올 수 있도록 기록하고 관리한다. 한꺼번에 관리하는 일정의 단위가 길어질 때 얻을 수 있는 효과는 업무를 긴 호흡으로 바라볼 수 있고, 시즌을 타는 업무일 경우 시즌을 미리 구상하고 선진행 할 수 있다는 점이다. 시즌 선진행은 관리자급의 역할이라고 생각하겠지만 어차피 우리는 머지않아 관리자가 될 사람들이고, 내가 하는 일 중에도 미리 당겨서 진행해야 하는 일들이 있을 수 있으니 일찍부터 훈련하는 것이 도움이 된다.

할 일은 빠짐없이 쓰고,
다한 일은 지워라

계획표에는 반드시 해야 하는 루틴 일정들을 먼저 기록한다. 이때 늘 하는 일이라 기억할 자신이 있는 일도 빠짐없이 기록해 두는 것이 좋다. 다음 순서로, 해당 기간이나 날짜에 내가 새롭게 할 일들을 기록한다. 그리고 일을 끝낼 때마다 줄을 그어 계획을 지워나가 보자. 퇴근은 그날 해야 하는 일이 모두 까맣게 지워졌을 때만 가능하다는 나만의 원칙을 정해두고 실행하면 알차게 시간을 관리할 수 있다. 계획표를 책상 위에 펼쳐두고 수시로 체크해 나가는 것이 필요한데, 완료한 업무를 볼펜으로 슥슥 그어 지워버리는 느낌은 중독적이기까지 하다. 이 맛에 반해 다음 날 일까지 당겨서 하고 싶어진 적도 있다. 단순히 할일을 기록하는 것외에 업무리스트옆에 '◀부호'와 같이 별도의 마감 기한을 함께 표기해 두면 더욱 도움이 된다.

한편, 계획표의 가장 상단에는 해당 월에 진행해야 하는 가장 중요한 업무와 다짐을 기록한다. 데일리 업무에 집중하다 보면 중요한 업무의 집중도가 자칫 떨어질 수 있는데, 제일 중요한 업무를 위에 기록해 수시로 보면서 체크해야만 놓치는 것이 없다.

간단하게 정리하면, 왼쪽 상단에는 굵직한 장기 계획을, 하단에는 업무 도중 떠오르는 아이디어를 기록하고 중간 부분엔 현재 스케줄을 적는다. 아이디어 기록은 언뜻 불필요해 보이지만 추후 기획안 작성이나 새로운 프로젝트를 시작할 때 남과 차별화되는 나만의 훌륭한 소스가 되어 줄 수 있으니 귀찮더라도 메모하는 습관을 들이자.

이 작업이 습관화되면 내가 내 일을 관리한다는 느낌이 아닌 내가 또 다른 누군가의 업무를 관리하는 것과 같은 냉철하고 객관적인 태도가 갖춰진다. 내 일이라 생각하면 번거롭고 귀찮을 수 있으나 남의 일이라 생각되면 사심 없이 업무 진도를 점검할 수 있기에 계획을 완수할 가능성도 커지고 업무의 처리 속도도 빨라지게 된다.

오늘의 업무를 전날 미리 시작하여
온도를 높여두어라

목요일까지 주간업무를 완결하면 더 좋겠으나 최소한 금요일 오전까지는 모든 주간업무를 마무리하고, 오후 시간부터는 다음 주의 주간계획을 확인하고 미리 고민해두는 것이 좋다. 그래야 다음 주 월요일에 출근하여 낭비하는 시간 없이 업무를 시작할 수 있다. 월요일 출근해서 한 주간의 계획을 세우면 주말의 후유증도 있고 생각이 잘 나지 않기도 해서 여차하면 월요일 오전을 다 버리기 일쑤다.

하루의 일정도 마찬가지이다. 아침에 출근하여 업무를 시작하기 위해 메일을 확인하고 일정을 체크하다 보면 황금 같은 몇 시간이 금방 지나간다. 메일이나 일정 확인 등의 업무는 시간을 할애하며 하기에는 중요도가 떨어지는 일이기에 전날 퇴근 전에 완료하는 것이 좋다. 그리고 더 나아가 내일 할 실제적인 업무를 조금이라도 미리 해 두면 다음 날 출근하여 바로 업무에 들어가는 것이 편안해지고 일의 능률도 높아진다. 출근 시간 5분도 활용해 보자. 그날 해야 할 일을 머릿속으로 정리하는 것만으로도 나의 컨디션은 업무 모드로 전환되어 효과는 배가된다. 더불어 오후 업무도 최소 5분 전에는 자리에 앉아 업무에 대한 부스팅을 해주는 것이 좋다.

그날, 그 주의 일만으로도 바쁘고 벅차다는 생각이 들지도 모르지만, 제일 처음의 두세 시간 정도만 앞당기면 되는 것이기에 전체적인 업무 시간에는 변동이 전혀 없다.

업무의 마감일을 분명하게 정하고, 휴식은 질적인 업무 단위로 끊어라

일을 마감하는 날은 초순, 중순 등과 같이 두루뭉술하게 정하지 말고 첫째 주 월요일, 12일 화요일과 같이 정확하게 날짜를 정해야 한다. 두루뭉술하게 하다 보면 자꾸 미루게 되므로 정확한 일정을 정하되, 가능하면 앞당겨서 마무리 짓는다는 마음으로 하면 마감이 임박한 시점에 훨씬 여유로울 수 있다.

업무 시간 중의 휴식은 머리를 재부팅하는 차원에서도 필요한데, 이때 휴식을 양적인 시간기준으로 끊지 말고 질적인 업무 단위로 끊는 것이 훨씬 효율적이다. 즉, 학교 수업 시간처럼 50분 공부하고 10

분 쉬는 방식의 휴식은 업무의 맥을 끊을 위험이 크다. 50분에서 5분만 더하면 완전히 마무리할 수 있는 일이 쉬는 시간으로 맥이 끊겼다가 다시 시작하려면 낭비하는 시간이 생길 수밖에 없다. 그래서 애초에 휴식의 계획을 잡을 때도 연속성과 유사성이 있는 한 덩어리의 일을 끝낸 후로 하는 것이 좋다. 그러면 휴식하기 위해서라도 업무에 더 집중할 것이고 일을 완료한 후의 휴식이라 기분도 훨씬 개운하다.

시간 관리의 장점은 그 주체가 나 자신이라는 점이다. 내가 마음먹기에 따라, 실천하기에 따라 하루 24시간을 훨씬 더 효율적이고 가치 있게 사용할 수 있다. 그런데 시간 관리의 단점 또한 그 주체가 나 자신이라는 점이다. 느슨해지고 해이해지면 하루를 망치고 한 달을 망치는 것은 금방이다. 이렇듯 나의 마음가짐과 실천이 시간 관리의 성패를 좌우하는 최대 인자라는 사실을 기억하고 스스로 의지를 다잡아야 한다.

나만의 분명한 색을 가져라

"그 자리에 누굴 넣으면 좋겠어요?"

"그 자리는 Y가 적임자죠."

"그렇죠? 내 생각도 Y가 그 자리에 딱 맞는 사람 같아요."

공석이 생겼을 때나 새로운 자리가 만들어졌을 때 그 자리에 딱 맞는 사람이 즉시 떠오를 때가 있다. 언젠가 한 번은 가깝게 지내는 동료가 자신이 맡은 팀의 팀원 한 명을 보충해야 하는데 지원자 중 누굴 뽑으면 좋을지 내게 물었다. 나는 망설이지 않고 Y를 추천했고, 동료도 고개를 끄덕였다.

동료의 팀원들은 업무적인 능력은 탁월했지만 다들 개성이 뚜렷하다 보니 관계가 자주 삐걱댔다. 그러다 보니 견디다 못해 다른 자리로 옮겨가는 팀원도 생겼다. 이런 모습을 지켜보며 나는 평소 이들 사이에 부드러운 윤활유 역할을 해줄 팀원이 필요하다는 생각이었고, Y가 그에 딱 맞는 적임자였다.

Y는 배려의 아이콘이자 인간관계의 달인이라고 여겨질 만큼 인간관계에 탁월한 능력이 있었다. 게다가 본인이 중심이 되는 인간관계

가 아니라 사람과 사람을 연결해 주는 인간관계의 연결고리와 같은 존재라 모두가 그를 좋아했다. Y는 회식 때 구석 자리에서 분위기에 잘 어울리지 못하는 동료가 있으면 먼저 다가가 분위기에 융화되도록 해주고, 갈등이 있는 사람 사이에서 내색 안 하고 자연스럽게 중재 역할도 하고, 힘들어하는 동료가 있으면 밤늦게까지 술잔을 기울이며 힘든 얘기를 다 들어주는 편안한 존재였다.

그뿐만 아니다. Y는 본인이 전면에 나서야 하는 자리는 겸손하게 사양하고, 다른 사람을 빛나게 해주는 탁월한 능력이 있었다. 겸손하고 배려심 많은 성품은 조직을 하나로 모아주는 끈끈한 힘이 되어주었다. 덕분에 Y가 속한 조직은 늘 불협화음 없이 즐겁고 평화로운 분위기에서 발전해나갔다.

Y가가 적임자인 또 다른 분명한 이유도 있었다. 바로 Y의 탁월한 영어 실력이다. 마침 공석이 된 자리가 영어에 능숙한 인재가 필요한 자리였는데, Y는 그런 부분까지 완벽하게 준비된 인재라 누가 봐도 그 자리는 Y의 자리였다.

그림을 그리다 보면 딱 그 자리에 필요한 색깔이 있다. 그 색이 아닌 다른 색으론 그 느낌을 온전히 살릴 수 없기에 망설임 없이 그 색을 선택한다. 직장에서도 나만의 분명한 색을 가지는 것이 나의 자리를 찾는 데 큰 도움이 된다. 그냥저냥, 두루뭉술, 있어도 그만 없어도 그만인 사람은 선택의 순간에서도 늘 뒷전으로 밀리기 일쑤다. 그 사람을 선택해야 할 분명한 이유가 없기 때문이다.

조직에서 돋보이는 나를 만들려면 남과 다른 차별화된 포인트가 있어야 한다. 나는 대학과 대학원에서 의상과 디자인을 전공하고, 10년 가까이 패션 대기업에서 의상디자이너로 일했다. 학창 시절 나는 전시회나 공연장 등 전공과 관련된 다양한 문화생활을 경험한 덕분에 학년이 오를수록 점점 더 창의력과 감각이 성장했다. 입사 후에도 잦은 해외 출장을 통해 높은 수준의 문화 체험을 하며 안목과 사고의 폭을 넓힐 수 있었다.

국내 최고의 유통기업으로의 이직 후 나는 디자인과는 무관한 일반적인 업무를 맡게 되었다. 그런데 그간 다져왔던 디자인 감각이 전혀 다른 영역에서도 빛을 발하기 시작했다. 일부 영역이긴 하지만 디자인 비전공자에 비해서 결과물을 가시화하는 능력이 우수했고, 이에 대한 인정을 받다 보니 나만의 차별화된 능력으로 더 키워가고자 노력했다.

나만의 색이란 사적인 영역에선 남과 다른 나만의 개성일 수 있으나 직장과 같은 공적인 영역에선 남보다 특출한 나만의 장점을 의미한다. 나만의 색을 가지고, 이왕이면 선호도가 높은 색을 가진 사람이 되기 위해선 남들이 갖고 있지 않은 장점을 키울 필요가 있다. Y처럼 인간관계의 기술이 좋다거나 영어를 비롯한 외국어 능력이 특출한 것도 큰 도움이 된다. 나의 경우처럼 특정 영역에서 전문성을 쌓아두는 것도 업무에 시너지를 창출하는 큰 힘이 된다.

차별화된 나만의 무기를 가지고 있는 것은 현대와 같은 경쟁사회에서 필요한 요소이므로, 내가 가진 독특한 장점들로 채워진 나만의 색깔을 만들기 위해 노력하는 것이 중요하다. 그리고 언니들의 시대에는 장점이 한두 가지만 있어도 충분히 경쟁력 있었지만, 지금의 후배들은 성장 과정이 다르니 다양하게 잘 하는 것이 필요하다.

내게 주어진 업무를 책임감 있게 잘 해내는 것도 만만치 않은데 또 다른 장점 몇 가지를 준비해 나만의 색깔을 가지라니 다소 막막하게 들릴 수도 있다. 그런데 누구에게나 미처 발견하지 못한 숨은 재능과 기질이 있기 마련이다. 기회가 없어 드러날 일이 없었을 뿐이다. 그러니 내겐 특별한 장점이 없다며 포기하기보다는 새로운 환경을 접할 때마다 경험해보고 시도해보는 것이 필요하다.

내가 가지고 있는 카드가 다양할수록 게임에서 승리할 가능성이 큰 것처럼 나를 한 가지의 모습으로 규정하지 말고 아직 숨겨져 있어 드러나지 못한 모습까지 꺼내어 키우는 노력을 하자. 직장에서 나를 필요로 하는 곳이 더 많아질뿐더러, 나만의 맞춤형 자리까지 만들어질 수 있다. 그리고 무엇보다 나 자신의 성장과 발전을 위해서도 다양한 영역의 도전을 즐기고 남다른 실력을 갖추는 것이 큰 도움이 된다.

'프로페셔널'을 훈련하라

처음부터 프로는 없다. 세계 최고의 스포츠 선수도 처음엔 모두 걸음마 단계부터 시작한다. 직장인도 마찬가지다. 대학에서 높은 학점을 받고 토익이나 자격증 등의 스펙까지 쌓아 어려운 입사 시험을 통과해도 막상 회사에서 업무를 하면 버벅대는 부분이 있기 마련이다. 나 역시 마찬가지였다.

나는 유독 숫자에 약했다. 숫자를 담당하는 나의 뇌는 휴면상태인 것이 아닐까 의심이 될 정도로 숫자는 모두 그게 그것처럼 보였다. 맡은 업무가 전문가 수준의 숫자 감각을 원하는 것도 아닌데 나는 늘 몇 개 되지도 않는 숫자를 외우는 데 애를 먹었다.

신장률 123%가 132% 같았고, 매출 365억 원이 매출 356억 원 같았다. 볼 때마다 헷갈렸다. 1부터 9까지의 숫자가 다 거기서 거기 같았고, 특별한 차이가 없어 보였다. 아침에 외운 숫자도 오후에 질문을 받으면 버벅거렸고, 가끔은 상사에게 잘못된 수치를 말씀드리기도 했다. 맡은 부분에 대한 실적은 외우는 것을 넘어, 몸으로 체득하여 자기화해야 하는데 외우는 것부터 쉽지 않으니 매번 숫자와 관련된 부분은 큰 스트레스로 다가왔다.

업무 과정에서의 표현은 구체적이고 정확한 것이 좋다. 특히 적절한 숫자 사용은 듣는 사람이 상황에 대해 잘 이해할 수 있도록 도와주고, 답변하는 사람이 똑똑하다는 인상을 심어주기도 한다. 또한 수치로 표현이 가능한 업무는 최대한 숫자를 활용하는 것이 상대에게 신뢰감을 준다. 주말 판매 추이를 묻는 상사에게 "지난주보다 많이 팔았습니다"라고 대답하는 것과 "매출액은 10억 원으로, 지난주 대비 5% 신장한 실적을 보였습니다"라고 대답하는 것은 신뢰감에서 큰 차이가 난다.

이렇듯 숫자 활용의 장점을 잘 알고 있으면서도 나는 욕심만큼 해내지 못했다. 잘 외워지지 않으니 가까이하기도 싫었다. 그런데 숫자에 아주 능통하신 분을 상사로 모시면서 나 역시 나의 아킬레스건과도 같았던 숫자의 벽을 뛰어넘는 본격적인 훈련에 돌입해야 했다.

나의 상사였던 K 부장님은 숫자를 암기하는 능력이 매우 뛰어나셨는데, 나로서는 마냥 부럽고 존경스러운 부분이었다. 그런데 존경의 마음과는 별개로 K 부장님이 나를 부르실 때마다 긴장할 수밖에 없었다. 어떤 내용이 궁금하신 건지, 내가 미처 파악하지 못한 부분을 물어보시면 어쩌나 하는 생각에 걱정부터 앞섰다. 너무 긴장한 탓에 알고 있는 것조차 제대로 설명하지 못하고 횡설수설했던 적도 여러 번이었다.

"정 대리, 그 제품 판매 추이가 어때?"라는 질문에 내가 알고 있는 내용과 숫자들을 총동원해서 설명해드린다. 그러면 K 부장님은 "지난주에 정 대리가 말한 것과 5억이나 차이가 나는데, 도대체 뭐가 맞는 거야?"라며 허를 찌르는 질문을 하신다.

"제가 그렇게 보고드렸나요? 확인 후 다시 말씀드리겠습니다."

내가 맡은 업무에 프로페셔널의 면모를 갖췄다고 자부하지만 숫자 앞에서는 이렇듯 어설픈 초보의 모습을 벗어나지 못했다.

K 부장님은 '숫자 대마왕'이란 별명답게 한번 들은 숫자는 잊으시는 적이 없었다. 게다가 보고받은 숫자뿐 아니라 다른 숫자까지 파노라마처럼 쭉 연결하여 입체적인 계산을 하셨다. 간단한 숫자 몇 개를 외우는 것도 버거운 내게 그분의 모습은 그야말로 경이로움 그 자체였다.

다행히도 숫자의 달인 같은 K 부장님을 모시면서 나 역시 숫자 감각이 덩달아 좋아졌다. 노력 앞에 장사 없다고, 정확한 답변을 드리기 위해 보고 또 보고, 외우고 또 외웠으니 실력이 좋아지는 것은 당연한 일인 듯하다.

편안한 자리에서 K 부장님께 숫자에 능통해지는 비법에 대해 여쭈었다. 부장님은 보고서나 자료 등을 읽기는 하지만 그 안에 쓰인 숫자를 외우기 위해 따로 시간을 투자하지는 않으신다고 했다. 대신 아침에 출근하여 자료를 보고, 숫자는 그 이미지를 형상화하여 머리에 담으신단다. 숫자를 이미지화하여 기억하는 것이 부장님의 숫자 외우기의 비법인 셈이다. 꽃이나 나무 같은 사물을 보고 난 후 기억하는 방식으로 숫자를 기억한다는 것이 마냥 신기했다.

아쉽게도 나는 K 부장님과 같은 재능을 가지지 못한 탓에 자주 보고 무조건 외우는 수밖에 별다른 방법이 없었다. 끝없는 연습이 천재를 만든다는 가르침을 믿으며, 나는 정기적으로 숫자와 친해지는 시간을 가졌다. 내용에 따라 매일 또는 주 1회의 일정을 아예 정해놓고 데이터를 보며 숙지해야 하는 숫자들을 노트에 빼곡히 적어가며 외웠다. 숫자 천재까지는 바라지도 않았다. 적어도 내 몫의 1인분은 거뜬히 해내는 프로 직장인이 되려면 나의 취약한 부분까지 끝없는 훈련으로 커버해야만 했다.

처음에는 쉽지 않았다. 숫자를 보는 것만으로도 거부감이 들었다. 그래서 숫자를 대하는 마음을 달리해 보았다. 암기하는 대상이 아니라 친해져야 하는 대상으로 의인화했다. 까다로운 친구와도 자주 시간을 갖다 보면 가까워질 수 있듯이 숫자도 자주 만나면 친해질 수 있으리라 생각되었다. 다행히 이러한 노력으로 시간이 흐를수록 숫자를 외우는 데 드는 시간이 짧아졌다. 그리고 기억하고 있는 시간이 더 길어졌고 전체적인 흐름 파악과 예측도 가능한 수준이 되었다.

신입사원 시절에는 업무 능력이 다소 부족하더라도 이해받을 수 있다. 처음부터 잘하는 사람은 많지 않기 때문이다. 그러나 시간이 흐름에도 불구하고 능력이 비례해서 성장하지 않는다면 그 일이 자신과 전혀 맞지 않거나 노력이 부족한 탓이니 이해받기 어렵다. 나의 부족한 부분을 채우려는 노력 없이는 결코 프로 직장인이 될 수 있다. 유리천장을 깨부수는 멋진 언니도 내 업무의 1인분을 완성하는 프로 직장인이 되는 것으로부터 출발한다.

1인분을 완성하는
치트키

회사에서 함께 일하다 보면 저절로 고개가 끄덕여지는 후배들이 있다. 완전한 1인분을 완성하고 프로 직장인이 된 그들을 보고 있노라면 흐뭇함을 넘어 든든하기까지 하다. 이들은 업무적인 부분의 실력이나 완성도가 뛰어날 뿐만 아니라 실행력이나 책임감 등 태도적인 면도 훌륭하다. 게다가 누가 가르쳐주지 않아도 막힘없이, 그리고 센스 있게 일을 처리하는 소위 '일머리'까지 갖췄다. 1인분을 완성하는 한 끗 차이의 노하우들을 정리하면 다음과 같다.

업무는 타이밍이다

일 잘하는 사람은 타이밍을 잘 활용한다. 일하는 방식과 내용뿐 아니라 그 일을 어느 시점에 처리하느냐도 매우 중요하다. 가장 기본은 그 일의 마감 기한을 준수하는 것이다. 그것은 당연히 지켜야 하는 최소한의 기준이다. 그보다 한 단계 나은 것이 정해진 마감 기한

보다 1~2일 앞당겨 업무를 끝내는 것이다. 상사가 업무를 줄 때는 그 결과물을 최대한 빨리 보았으면 하는 마음이 크다. 그래서 마감 기한 이전의 업무 보고는 후배의 책임감, 성실성, 근면함의 평가 기준이 된다.

물론 일정을 앞당기는 것이 업무의 완성도를 높이는 것보다 중요하지는 않다. 일정을 당기기 위해 일의 질적인 수준이 떨어지면 일정을 당기지 않음만 못하다. 결과물이 같다는 가정하에 예정된 기한보다 일찍 일을 끝내면 일 잘한다는 평가를 들을 수 있다.

최고의 업무 타이밍은 상사가 시키기 전에 하는 것이다. 즉 해야 할 일을 상사의 지시 없이 예측하여 진행하고 보고하는 것이다. 일이 숙련되면 언제쯤 어떤 일을 해야 하는지에 대한 감이 온다. 새로운 해결과제에 당면했을 때 이에 대한 대응계획이 필요하다는 예측도 가능할 것이다. 이렇게 필요하다고 생각되는 일들을 상사의 지시 전에 미리 진행하여 보고하는 것, 그것이 업무 타이밍의 최고봉이다.

업무에도 순서가 있다

한 번에 하나의 업무만 주어진다면 좋겠지만 대부분은 여러 업무가 겹쳐서 진행될 때가 많다. 이때 업무의 우선순위를 어떻게 정하느냐도 무척 중요하다. 많이 알려진 관리법은 업무를 '중요하고 긴급한 일', '긴급하지 않으나 중요한 일', '긴급하나 중요하지 않은 일', '긴급하지도 중요하지도 않은 일'의 4가지로 분류하고, 이 가운데 중요하고 긴급한 업무를 가장 먼저 하기를 권한다. 맞는 말이긴 하나, 나는 조금 다른 각도에서의 기준을 갖고 있다.

첫째, 나의 일보다 남의 일을 먼저 한다.

여기서 남의 일은 상사가 아닌 사람이 요청한 업무를 말한다. 상사가 요청한 업무는 당연한 내 일이므로 이에 해당하지 않는다. 팀의 통합본을 위해 개인별 스케줄을 제출한다거나, 부서 경영전략을 수립하기 위한 부문별 세부 계획을 제출하는 것 등이 이에 해당한다.

내가 선임사원 시절에 각 팀원의 주간업무를 취합하고 정리해서 상사에게 보고하는 일을 맡은 적이 있다. 매주 월요일 아침에 상사가 출근하자마자 보실 수 있도록 준비를 해야 해서 나의 정리 시간을 고려하여 다른 팀원들에게는 목요일 퇴근 전까지 자료 요청을 하였다. 그런데 팀원 중 한 명이 금요일 퇴근 시간이 다 되어서야 내용을 주는 경우가 많았다. 몇 번 재촉했으나, 외려 나에게 빨리 정리하면 되지 않느냐고 했다. 타인에 대한 배려가 전혀 없는 그 팀원 때문에 금쪽같은 금요일에 야근하는 일이 잦았다. 이런 경우는 본인의 일을 아무리 잘한다 하여도 일을 잘한다는 평가를 들을 수가 없다. 실제로 나뿐만 아니라 관련 부서들의 그 팀원에 대한 평가는 좋지 않았다.

둘째, 시간이 많이 소요되지 않는 간단한 일을 먼저 한다.

해야 할 일이 모두 시간이 오래 걸리는 복잡한 일만 있지는 않다. 5분에서 10분 이내로 짧게 끝낼 수 있는 일도 많다. 이런 경우 시간이 걸리지 않는 일을 먼저 처리한다면, 이후부턴 다른 중요한 업무에 집중할 수 있다. 게다가 그 일이 다른 사람에게 요청받은 일이라면 효과는 2배이다. 어차피 10분 정도면 화장실에 한 번 다녀올 정도의 수준이니 내 일과시간에 있어 긴 시간은 아니다. 이 시간을 잘 활용하게 되면 업무의 능률도 높일 수 있고, 일 잘한다는 평가도 받을 수 있다.

셋째, 하기 싫은 일을 먼저 한다.

일하기를 좋아하는 사람은 많지 않겠지만 상대적 기준으로 본다면 내가 좋아하는 일과 하기 싫은 일이 구분된다. 내 강점인 분야가 아니라서, 싫어하는 상사가 지시한 업무라서 등 하기 싫은 일의 이유는 많다. 하고 싶지 않은 일을 계속 뒤로 미루다 보면 더 하기 싫고, 그 일에 대한 부담감이 계속 머릿속에 따라다녀 지금 하는 일에도 영향을 준다. 어차피 할 일이라면 하기 싫은 일부터 깔끔하게 먼저 해치우자. 그래야 그 이후의 일에 더 집중할 수 있어 결과물도 더 좋아진다.

전방위적으로 확인하라

　일에도 과거와 현재, 미래가 있다. 현재 일을 진행하고 있지만, 그 일을 시작하기 전의 과거 상황을 파악해야 하고, 종료 이후의 미래 상황을 예측하고 관찰해야 한다. 예를 들어 고객 컴플레인을 해결하는 것이 과제로 주어진다면, 처음부터 바로 고객과 접촉하는 사람은 없을 것이다. 우선은 문제를 파악하기 위해 기존 운영 방식과 유사사례 등 과거 현황을 확인할 것이고, 두 번째로 현재 가능한 해결방안 마련 후 고객과의 접촉을 통해 원만히 해결하려 노력할 것이다. 대부분은 여기까지 하면 주어진 업무가 끝났다고 생각한다. 하지만 이후 과정들 또한 중요하다. 같은 고객이 생각이 바뀌어 추가로 컴플레인을 제시할 수도 있고, 발생 원인이 제거되지 않아 유사 사례가 발생할 수도 있다. 그 외 예상치 못한 추가적인 문제들이 발생할 수 있기에 상황이 완전히 종료되었다고 판단되는 시점까지 예의주시하고 관찰해야 한다. 이것이 일의 시점에 따른 과정이고, 이 과정들을 모두 해결해야 비로소 업무가 완료되는 것이다.

　몇 년 전의 일이다. 지점에서 쇼핑하시던 어르신이 넘어지는 사고가 발생했다. 앞을 보지 않고 오는 고객과 부딪혔고, 보행이 불편하신 어르신은 넘어지면서 한참을 일어나지 못하셨다 했다.

　담당 사원이 어르신을 모시고 급히 병원을 찾았다. 다행히 골절 등의 큰 부상은 없었으나 연세가 있으시기에 추가 검진을 받아보시라 권유했으나 거절하셨다. 또 진료를 마친 이후에 직접 댁까지 모셔 드리겠다고 했으나 이 역시 한사코 사양하시며 이제 되었으니 연락 하지 말라는 말씀에 걱정스러웠지만 그렇게 일을 마무리했다.

일주일 정도 지난 후, 어르신의 따님이 지점에 전화해 엄청나게 화를 내셨다. 따님이 친정에 와보니 엄마가 일어나지도 못하고 누워 만 계신다며, 어르신이 넘어졌으면 끝까지 책임을 져야지 이런 경우 가 어디 있냐는 것이다. 연로하신 분이라 불편을 말하는 것이 익숙지 않은 것을 감지하지 못한 채, 괜찮다는 말을 곧이곧대로 믿었던 것이 큰 실수였다.

곧바로 담당 사원을 통하여 어르신을 다시 병원으로 모셨고, 그 후 한동안 물리치료를 받는 것을 도와 드렸으며, 좋아하시는 음식 등 을 챙겨다 드리는 등 극진한 대접을 했다. 고객끼리 부딪친 것이라 엄격하게 따지면 지점의 직접적인 책임은 없었다. 그럼에도 내가 관 리하는 지점 안에서 있었던 일이기에 끝까지 불편함이 없도록 챙겼 어야 했다. 연로하신 어르신의 특성을 이해하지 못하고 상황이 종료 되었다고 생각한 것이 실수였다. 이처럼 문제가 발생했을 때 보이는 것만이 전부가 아니다. 완전히 소각했다고 생각하는 불씨가 살아나 다시 타오르는 것처럼, 지금 현재 내 눈앞에서 불이 꺼져 있다고 상 황이 종료된 것이 아니다. 미처 보지 못한 불씨가 살아날지 모르기 때문에 전방위적으로 대비하고, 시간이 지나 더는 살아날 가능성이 없는 시점까지 확인해야 한다. 그래야 업무가 깔끔하게 마무리된다.

내가 최종 방어선이라고 생각하라

회사에서의 업무는 몇 단계의 과정을 거친다. 차기 시즌 제품기획 안을 완성하는 프로젝트를 진행한다고 가정해 보자. 첫 번째 단계로 실무사원이 초안을 작성할 것이다. 두 번째 단계로 이를 바탕으로 선임사원의 보완이 진행되고, 세 번째 단계로 팀장의 결재 과정이 있으며, 마지막으로 임원에게 보고가 된다. 회사마다 다르고 사안별로도 다르겠지만, 최소 3단계 이상을 거치게 된다. 이러한 업무의 진행 과정에서 내가 1단계 실무사원이든 2단계 선임사원이든, 어떤 역할을 담당하고 있어도 상급자의 추가 보완지시를 최소화하도록, 완성도 높은 업무를 진행하고자 하는 자세를 가져야 한다. 이것이 내가 최종 방어선이라고 생각하는 태도이다.

방어선이란 전쟁에서 적의 공격을 막기 위하여 설치하여 놓은 경계 전선을 말하며, 최종 방어선이란 그 경계가 무너졌을 때 치명적인 결과를 가져올 수 있는, 반드시 사수해야 하는 전선을 말한다. 내가 내 일을 대충해도 내 뒤의 선배가 한 번 더 보완해 주겠지라는 생각은 적지에서 내가 뚫려도 뒤에 있는 전우가 막아 주겠지라는 생각과 같다. 어떤 일을 할 때 내가 한 일에 대해서는 뒤의 누군가가 손을 보는 일은 만들지 않겠다는 생각으로 최선을 다해 완전을 기하는 자세가 필요하다.

물론 실무경험이 적다면 나의 기획안이 최종안까지 그대로 가는 경우는 흔치 않다. 하지만 내가 대충해도 당연히 상사가 수정하겠지라는 태도와 가능한 내 선에서 완벽히 끝내려고 하는 태도의 차이는 매우 크다. 내가 최종 방어선이라 생각하고 업무에 임하면 무엇보다 나의 실력이 크게 성장한다. 기획에 앞서 시장조사나 트렌드 분석과 같은 사전 작업에 최선을 다할 것이니 시장을 보는 눈을 키울 수 있고 기획력 또한 훈련할 수 있다. 이는 남보다 앞설 수 있는 나만의 실력이 되며, 시간이 흐를수록 확연한 강점으로 부각된다.

기획안을 제출하는 것뿐만 아니라 회사업무의 모든 과정에서 이러한 자세로 임하는 것은 대단히 중요하다. 내 업무를 내 선에서 마치는 책임감 있는 태도를 훈련하는 것은 물론이고, 나의 역할 이상으로 회사에 기여할 수 있는 결과를 창출함으로써 나만의 경쟁력을 키우는 데도 큰 도움이 된다.

내가 무슨 일을 하는지 알려라

내가 무슨 일을 하는지 상사를 궁금하게 만들면 안 된다. 출근은 해서 일을 하는 것 같은데 도대체 무슨 일을 하는지 모르겠고, 성과도 보이지 않으면 상사는 답답함을 넘어 한심하다는 생각까지 하게 된다. 회사는 나 혼자만 열심히 하면 되는 곳이 아니다. 열심히 하는 결과가 나타나야 한다. 좋은 결과면 더 좋겠지만 나쁜 결과가 나오더라도 괜찮다. 나쁜 결과도 최소한 무엇인가를 실행한 후에 나오기 때문에 아무것도 하지 않는 것보다 낫다.

내가 어떤 일을 하고 있는지를 가시적인 성과를 통해 알릴 수 있으면 좋겠지만 업무의 특성상 불가능한 경우도 있다. 그럴 때는 상사에게 정기적인 보고를 통해 현재 진행 중인 업무와 그에 대한 조언을 구하는 것이 좋다.

한편, 상사의 지시를 받은 후 상사가 진행 과정을 물을 때까지 기다리는 것은 좋지 않다. "김 대리, 그거 어떻게 됐어?"라며 궁금해 하면 이미 타이밍은 늦었다. 상사가 궁금해 하기 전에 중간보고 등을 통해 내가 먼저 진행 과정을 알려야 한다.

본인의 존재감을 만드는 것은 본인이다. 무엇인가 열심히 하고는 있는데 도대체 뭘 하는지 모르겠다고 생각하는 것과 아마 그 일을 하고 있을 것이라고 생각하는 것은 차이가 있다. 상사가 궁금해 하지 않도록 하려면 내가 어떤 일을 하고 있는지 먼저 알려라. 이러한 업무 자세는 나에 대한 자연스러운 홍보로 이어져, 나의 포지션을 확립하는 부수적인 효과도 얻을 수 있다.

상사에게 두괄식으로 보고하라

상사는 늘 바쁘다. 업무영역이 넓으니 당연히 바쁠 수밖에 없다. 그래서 상사에게 하는 보고는 가능한 짧고 명료하게 두괄식으로 하는 것이 좋다. 상사들은 "그래서 어떻게 됐어?"라는 말을 잘하는데,

이는 "서론은 그쯤으로 하고 결론만 말해"라는 의미이다. 상사가 경험과 지식이 많아서 후배의 설명을 일부만 듣고도 유추할 수 있는 경우도 있으나 대부분은 후배가 배경부터 진행 과정 등 불필요한 부분들을 장황하게 설명하니 이제 그만 결론이 듣고 싶은 경우이다.

상사는 일의 구구절절한 내용을 듣고 싶어 하지 않는다. 특히 그 일을 하며 얼마나 노력을 기울였고 힘들었는지에 대한 하소연이 들어가는 경우는 더하다. 대개의 상사는 일의 결과와 예상되는 문제점 등 직접적인 업무 자체에 관한 내용만 궁금할 뿐이다. 그런 상사에게 후배가 원하는 방식으로 보고를 하는 것은 옳지 않다. 발표와 보고는 청자, 즉 듣는 사람이 원하는 방식으로 하여야 효과적이다. 따라서 상사에게 보고할 때는 두괄식을 사용하여 짧고 명료하게 해야 한다. 대신 꼭 필요한 내용이 빠지지 않도록 보고 전에 미리 정리해 보아야 한다. 그리고 자세한 내용은 상사가 보고를 듣고 추가 질문을 하면 그때 보고하면 된다.

나는 나로
나를 완성한다

관리자에게는
'필살기'가 필요하다

이제는 실전이다
이후로는 협력보다 치열한 싸움이
조력자보다 경쟁자로 채워질 것이다.

전투에서 승리하기 위한
나만의 필승 전략을 세워야 한다.
다른 사람과 차별화되는 자기 경쟁력.
준비된 자만이 승리한다.

내 자리는 내가 만든다

나는 열심히 잘하고 있다고 생각하는데 문득 길이 막힌 것 같다고 느껴질 때가 있었다. 내가 하고 싶은 일은 저곳에 있는데, 맡겨만 주면 나는 무조건 잘 할 수 있는데 정작 그 일을 맡는 사람은 내가 아닌 다른 사람이었다. 객관적으로 보면 내가 일을 더 잘하고 훨씬 인정받는데 나는 회사가 정해준 자리에서만 근무했고, 내가 하고 싶은 일에 가까이 가질 못했다.

물론 회사는 그동안 나에게 많은 기회를 주었다. 너무나 감사한 일이다. 그러나 내가 더 잘할 수 있는 곳에서 일할 기회는 많지 않았다. 보이지 않는 유리천장이라도 있는 듯이, 목표한 자리는 멀게만 느껴졌다.

그 무렵, 나는 본사로 가고 싶었다. 지점장의 역할도 중요하고 과분하지만, 지점장을 10년 가까이 하다 보니 다른 일을 해보고 싶은 마음이 생겼다. 특히 회사 전체에 영향력을 끼칠 수 있는 본사의 업무를 해보고 싶었다. 그러나 본사에 내가 원하는 자리가 나올 때마다 나는 매번 낙점되지 못했다. 물론 내가 가고 싶다는 뜻을 적극적으로 내비치지 않은 탓도 있었다. 눈에 띄는 성과를 내고 있었던 터라 굳이 어필하지 않아도 회사가 나를 알아 줄 것이라 생각했다. 그러나 좀처럼 기회는 오지 않았다.

그러던 중 정말 하고 싶은 업무의 팀장 자리가 공석이라는 소식을 들었다. 너무나 해 보고 싶은 업무였다. 그런데 회사는 나를 선택할 것 같지가 않았다. 나는 지점장으로 충분히 역할을 잘하고 있었기에 회사의 입장에선 굳이 나를 다른 자리로 옮길 이유가 없었다. 고민 끝에 상사분께 메일을 드렸다. 내가 얼마나 그 일을 하고 싶어 하는지, 그 일을 잘하기 위해 현재 어떤 것을 준비하고 있는지, 또 그 일이 맡겨진다면 나는 어떤 성과로 회사에 보답할 것인지 등등을 적은 장문의 편지를 드렸다.

솔직하고 적극적인 어필 덕분인지 마침내 나는 내가 희망하던 자리로 갔다. 회사가 정해주는 자리에서 일하는 것이 당연한 일일 테지만, 그럼에도 정말로 해보고 싶고 잘할 자신이 있다면 수십 년 직장생활에서 한 번쯤을 그런 과감한 어필로 내 자리를 만들 필요도 있다.

30년 가까운 직장생활을 통해 내가 깨달은 것 중의 하나는 '내 자리는 내가 만든다'는 것이다. 성실하고 책임감 있는 업무수행과 탁월한 성과 창출로 회사에서의 입지를 탄탄히 하는 것은 물론이고, 나의 능력을 더욱 키울 수 있는 자리가 있다면 과감히 도전해야 한다. 설령 그것이 '유리천장' 너머에 있다고 해도 망설임 없이 깨부수고 나의 자리를 만들어야 한다.

부장직의 면접시험을 앞두고 있던 시점이었다. 다들 대놓고 말은 하지 않아도 내가 부장이 되는 것은 어렵다는 분위기였다. 남자들도 한두 번 이상은 면접에 떨어지는 것이 다반사인데 하물며 여자가, 그 것도 경력직으로 입사한 직원이 단번에 부장이 된다는 것은 말이 안 된다는 것이다.

여자가 부장 승격 시험을 치르는 것이 내가 처음이었기에 많은 사람이 결과를 궁금해 했다. 여자이니까 가산점을 받을 수도 있다고 하고, 누군가는 그런 게 어딨냐고 말했다. 나는 내가 가산점을 받을 것이라고 확신했다. 여자이기 때문이 아니라 그동안 내가 쌓아 올린 업무성과를 보면 진급하는 게 마땅하다는 생각이었다. 별다른 결격사유도 없었기에 면접에서 당당히 내 생각을 말하면 승산이 있을 것 같았다.

면접을 대비한 준비도 많이 했다. 포인트는 절대 꿀리지 말고 쫄지 말고, 지금까지 내가 이루었던 성과와 앞으로의 계획을 자신감 있게 말하는 것이었다. 드디어 면접 날이 되자 나는 준비한 그대로 말했다. 떨어진다는 생각은 일절 하지 않았다. 오히려 나를 떨어뜨리면 회사로선 큰 손해를 볼 것이라는 뉘앙스로 답변을 했다. 나조차 나에게 자신감이 없으면 누가 나를 믿을 것인가란 생각으로 더 당당하고 자신 있게 임했다.

경력사원이나 여자인 것이 장애가 될 수 있다는 생각은 전혀 하지 않았다. 오히려 그것이 내게 더 큰 장점이라 생각했으며, 그 점을 부각하는 반전의 대답까지 미리 준비해 두었다.

"경력사원인 저를 뽑아 주십시오. 회사는 출신에 상관없이 능력 중심의 사람을 쓴다는 좋은 이미지를 만들 것입니다."

"여자인 저를 뽑아 주십시오. 여자도 얼마든지 일을 잘할 수 있다는 것을 보는 최고의 기회를 얻으실 겁니다."

당시 내가 준비했던 대답의 대략적인 맥락이다. 내 중심이 아니라 회사의 입장에서 나를 뽑아야 하는 분명한 이유를 설명하고 싶었다. 그렇게 면접시험을 보고 나오는데 함께 시험을 본 동료가 내게 말했다.

"정 과장, 대단하더라! 안 뽑으면 난리 날 것 같아. 어쩜 그렇게 떨지도 않고 말을 잘해?"

떨지 않고 당당히 나의 소신을 밝힌 덕분인지 나는 면접에서 좋은 점수를 받았고, 결국 부장 승격시험에 합격했다.

고위직 관리자가 되어 일하다 보면 여자의 자리와 남자의 자리를 구별하는, 보이지 않는 장벽이 느껴진다. 특히 높은 자리로 올라갈수록 여자의 자리는 거의 없는 듯하다. 우리 사회에 여성의 고위직 진출을 막는 보이지 않는 장벽이 존재한다는 확신이 들 정도이다.

여성의 사회진출이 당연하게 여겨지는 요즘에도 한국은 500대 기업 임원의 96.4%가 남성으로 구성되어 있을 정도로 여성의 고위직 진출을 가로막는 '유리천장'이 너무나 견고하다. 오죽하면 영국 이코노미스트가 매년 발표하는 '유리천장지수^{CGI}'에서 우리나라는 7년

(2019년기준)을 연속해서 꼴찌를 차지했을까.

흔히들 '유리천장'이라 부르는 그것은 불합리하고 부당한 것임이 분명하다. 하지만 굳이 그것을 천장이라고 인정하며 전진을 멈출 필요는 없다. '유리'는 잘 보이지 않는 성질도 있지만 적절한 힘만 가해지면 쉽게 깨지는 성질도 있기에, 자신에 대한 믿음과 용기, 열정으로 과감히 깨부수면 된다.

현실의 불합리함과 부당함과는 별개로, 그럼에도 당당히 나아가야 한다. 나 자신을 믿고, 내가 가고자 하는 그 길을 스스로 열어 가면 된다. 유리천장이 아니라 강철로 된 천장이 있어도 내가 간절히 바라는 것이 거기에 있으면 묵묵히 뚫고 가면 된다.

붙잡고 싶을수록
주먹을 펼쳐라

평사원이던 시간을 거쳐 어느새 내가 꾸릴 팀이 생기고, 나를 따르는 직원들이 생기기 시작하면 슬그머니 걱정되기 시작한다. 내 한 몸 건사하기도 힘든데, 과연 누군가를 이끌며 만족할 만한 성과를 낼 수 있을까? 후배들이 치고 올라와 내 자리를 뺏어버리면 어떡하지? 지금 내가 회사에서 제대로 된 역할을 하고 있는 걸까? 직급이 올라갈수록 이런 고민은 더 깊어진다.

골프를 배우며 천 번은 넘게 들은 말이 있다. "힘을 빼라"라는 말이다. 골프채만 손에 잡으면 온몸이 굳어져서 땅을 파거나 헛스윙을 하게 된다. 잘하려는 욕심에 몸에 잔뜩 힘이 들어간 탓이다.

회사와의 관계도 마찬가지다. 내게 주어진 일을 잘하려는 마음은 당연하고 자연스러운 것이다. 그런데 힘이 과하게 들어가면 일이 아닌 자리에 집착하게 돼 결국 일까지 망치게 된다. 내 자리에 대해 연연하고 욕심을 부리면 시야가 좁아져 정상적인 판단이 어려워진다. 또 어떻게 하면 자리를 보전할 것인가에 대한 생각에 골몰하는 바람에 어떻게 하면 일을 잘할 수 있을까에 대한 고민이 상대적으로 줄어든다.

"그 일은 제 거예요. 시작부터 지금까지 몇 년간 제가 준비하고 완성해가고 있는데 왜 마지막 순간에 다른 사람이 그 성과를 채가려고 하는 거죠?"

아끼는 후배가 밥을 사달라고 해서 만났더니 회사에 대한 서운한 마음을 토로했다. 회사가 자신의 자리를 두고 외부에서 사람을 물색하고 있다는 소문을 들었다는 것이다. 죽을 각오로 헌신하여 이만큼 키워냈는데 결국 마지막 완성단계에서 다른 사람에게 내줘야 한다는 것이 못내 분하기까지 하다고 했다.

열정적으로 업무에 임했던 모습을 기억하기에 우선은 후배를 토닥이며 위로했다. 얼마나 고생했는지도 알고, 성과 또한 모두가 인정하고 있으니 너무 서운해 하지 말고 마음을 잘 다독이라고 했다. 그 말에 후배의 얼굴이 조금은 편안해졌다. 나는 내 생각을 이어서 말했다.

"내가 맡은 직책은 영원한 내 직책이 아니에요. 회사의 상황에 따라 언제든 다른 곳으로 갈 수도, 내 자리를 내줘야 할 수도 있어요. 내가 어떤 일을 해서 성과를 냈다면 분명 그 과정에서 어떤 형태로든 보상을 받았을 테고, 그리고 나면 그건 마무리가 된 거예요. 과거의 성과를 내가 만들었다고 해서 그것에 대한 소유까지 영원토록 내게 있다고 생각하는 것은 어린아이와 같은 생각이죠."

회사에 속한 조직원으로서 그 자리에 있을 때는 내가 사장이라는 생각으로 최선을 다하되, 그 자리를 떠나야 하는 상황이 오면 쿨하게 내려놓고 다른 자리에서 다시 열정적으로 일해야 한다. 회사의 판단과 선택을 믿고 따르며, 주어진 자리에서 최선을 다하는 것이 회사원으로서의 기본적인 자세이다.

후배의 열정과 능력은 어디서든 성과를 만들어 낼 수 있을 정도로 출중했다. 그런데 지금의 자리에 연연하며 집착한 탓에 더 큰 그림을 그리지 못하는 것 같아 안타까운 마음이 들었다.

"내려놓으세요. 붙잡고 있다고 내 것이 되지도 않을뿐더러, 특정 자리나 일에 연연하며 작은 틀에 갇혀 있으면 더 큰 것을 놓칠 수 있어요. 게다가 다른 직책을 맡으면 더 성장할 수 있고, 경력관리에도 도움이 될 수 있어요."

나는 후배에게 회사에 대한 서운한 마음은 얼른 털어버리고, 앞으로 어떤 일을 맡아야 자신에게 도움이 될지 고민해 보라고 했다. 그리고 인사의 제안이 있을 때를 대비해 적극적인 준비도 해두라고 조언했다.

회사의 자리는 어느 것 하나도 내 것이지 않다. 그래서 그 자리에 있을 때는 최선을 다하지만 언제든 회사의 명령이 있으면 내주고 다른 곳으로 가야 한다. 그것은 회사를 위한 일이기도 하지만 나 자신을 위한 일이기도 하다. 한 가지 일을 깊이 있게 하는 것도 좋지만 다양한 업무를 하며 전체를 보는 시각을 키우고 경력관리를 해두면 나를 필요로 하는 곳이 더 많아질 수 있다.

게다가 내가 정말 능력을 발휘해보고 싶은 자리가 있다면 그 자리를 주지 않는다고 서운해 하거나 떼를 쓸 게 아니라 그 자리에 걸맞은 재목으로 나를 만들면 된다. 그러면 회사가 알아서 나를 먼저 선택하게 된다.

몇 년 전의 일이다. 우리 팀과 옆 팀 간에 중복되는 업무가 있어 효율을 높이는 차원에서 한 팀이 다른 팀을 흡수하여 통폐합해야 하는 상황이 벌어졌다. 옆 팀의 팀장인 H는 자신의 팀이 더 오래된 팀이라 노하우가 많을 테니 우리 팀이 자신의 팀으로 흡수되는 것이 맞다고 주장했다. 반면 나는 그 일에 관해 별다른 말을 하지 않았다. 나역시 H와 같은 생각이었고, 회사의 결정이 있으면 언제든 따를 생각이었기에 그런 상황에서 굳이 내 의견을 더하고 싶지 않았다.

하루는 상사분이 나를 따로 불러 의견을 물으셨다. 아마 본인 또한 나의 팀이 흡수되는 것이 바람직하다고 생각하면서도 형식적으로나마 내 의견을 묻는 과정을 밟으시는 것 같았다. 나는 내가 맡은 팀이 흡수되어 없어지는 것이 바람직하다고 말했다. 누가 봐도 그 방향이 맞으니 주저하지 마시고 효율적이고 합리적인 선택을 하시라고 말씀드렸다. 혹여라도 내가 나의 팀으로 흡수되는 것이 바람직하다고 주장을 할까 걱정하셨던지, 상사분은 내 대답이 의외라는 듯이 놀라는 표정을 지으셨다.

만약 내가 팀장인 내 자리에 연연했다면 무조건 우리 팀이 옆 팀을 흡수해야 한다고 주장했을 것이다. 그런데 그것은 현명한 판단이 아니었다. 회사에 득이 되는 결정이 우선이기 때문이다.

그렇게 우리 팀은 다른 팀과 통폐합되었고, 한 팀에 두 명의 팀장이 있을 수 없으니 나는 내 자리를 잃었다. 사람들은 나를 안타까운 눈으로 바라봤지만 나는 오히려 이후에 더 좋은 결과를 얻었다. 내가 원하는, 내 적성과도 더 잘 맞는 부서로 자리를 옮긴 것이다.

만약 내가 회사를 우선하지 않으며, 악착같이 내 자리만 보전하려고 했다면 어땠을까? 어차피 내 팀으로 흡수되지도 않았을 것인데, 괜히 내 이미지만 욕심 많고 상황판단 못 하는 사람으로 남겨졌을 것이다. 새로운 자리가 결정될 때도 회사의 배려 또한 전혀 받지 못했을 것이다. 오히려 통폐합이 내게는 기회가 된 고마운 상황이었다. 힘을 빼고 연연하지 않아서 오히려 좋은 기회를 맞게 된 것이다.

이렇듯 회사와의 관계에서 힘을 빼고 자리에 연연하지 않으면 언젠가 맞게 될 이별의 순간도 멋지게 받아들일 수 있다. 거듭해서 승격에 실패한 동기가 회사를 떠날 결정을 하며 회사를 원망하고 울분을 토했다. 회사를 위해 몸 바쳐 헌신했는데, 어떻게 회사가 자신에게 이렇게 대할 수 있느냐는 것이다.

그의 상황에 대한 안타까운 마음과는 별개로 나는 회사를 위해 몸을 바치고 희생했다는 표현은 적절치 않아 보였다. 회사가 내게 대가 없이 노동을 강요했다면 회사를 위해 몸을 바치고 희생했다는 표현이 맞지만, 서로의 필요로 계약관계를 맺어 노동의 대가를 지불받았다면 몸을 바치고 희생했다는 표현은 옳지 않다.

나와 회사의 관계는 대등한 계약관계이고, 회사가 나를 선택했다면 나 또한 회사를 선택했다. 어느 한쪽의 일방적인 희생이 아닌 서로의 필요로 계약관계를 이어가는 것이기에 그 필요가 끝나는 순간엔 언제든지 담백한 이별을 할 수 있어야 한다. 나를 인정해 주지 않고, 내가 원하는 시간까지 나를 고용해주지 않는다고 불평해서도 안 된다.

　나를 일방적인 약자가 아닌 회사와 서로 필요로 계약의 관계를 맺은 대등한 입장으로 생각해야 한다는 것이다. 그래야 자존감도 높아지고, 회사가 내 자리를 마음대로 결정하고, 급기야 내 손을 놓더라도 덜 상처받는다.

　회사와 계약관계가 유지되는 이상 주어진 자리에서 최선을 다해 열심히 하고 잘해야 한다. 그리고 회사를 위한 헌신이 아닌 나 자신의 성장을 위해 일한다는 생각으로 임해야 한다. 이 회사, 이 자리에서 갈고닦은 나의 실력은 다른 자리, 다른 회사, 혹은 나의 일을 할 때 더없이 좋은 경험이 되고 실력이 된다.

긍정 에너지에는
전염성이 있다

직장동료처럼 업무적인 관계에서 만나는 사람은 크게 두 부류로 나뉜다. 함께하고 싶은 사람과 함께하고 싶지 않은 사람이 바로 그것이다. 개인마다 그 기준이 조금씩 차이가 날 수 있지만 나의 경우, 함께하고 싶은 사람은 서로의 에너지를 보태어 시너지를 창출하는 사람이다. 으쌰으쌰 하면서 서로의 의욕을 북돋는 사람과 함께 일하면 나도 모르게 내 에너지의 120%를 끌어올리게 된다.

예전에 함께 일하던 두 명의 팀장이 있었다. 두 사람 다 업무 능력이 좋고 본인의 일에 대해서는 성과를 이루려는 욕심이 있었지만, 성향 차이는 극명했다. A는 어떤 일을 해보자고 하면 알겠다고 대답하며, 나의 의견에 본인의 의견까지 더하여 보완된 계획을 역으로 제안했다. 그리곤 곧바로 실행에 들어갔다. 새로운 일을 시작하는 것은 분명 업무가 많아지게 되어 전보다 힘든 상황일 수 있음에도, 상사의 제안과 지시에 싫은 내색 없이 일단 해보자며 성심으로 임해 주었다. 함께하는 팀의 후배들에게도 늘 "우린 잘할 수 있다!"라며 진군의 북

소리와도 같은 응원과 격려의 말을 아끼지 않았다.

반면 B는 새로운 일을 해보자고 하면 안 되는 이유부터 들며 반대를 했다. 이전에 비슷한 일을 해 봤는데 실패했다며, 어차피 안 될 것을 왜 괜스레 힘을 빼냐, 지금도 일이 많아 힘든데 또 일을 만들면 어쩌라는 거냐며 부정의 시각을 들이댔다.

이 두 사람은 태도의 차이만큼이나 성과의 차이도 극명했다. 긍정적이고 실천적인 A팀장이 이끄는 팀은 새로 시도한 일의 결과가 좋아서 실적도 우수했고, 이는 함께 해보자는 외부 협력사의 선제안으로 이어져 예상보다 사업영역이 크게 확대되기까지 했다. 반면 부정적인 태도의 B팀장이 이끄는 팀은 새로운 시도를 전혀 하지 않아 추가성과가 없음은 물론이고, 트렌드 변화로 인해 기존 영역까지 축소되어 실적이 계속해서 하락했다.

나는 B팀장을 불러, 지금이라도 새로운 시도를 하는 것이 어떻겠냐고 하며 아이디어를 주었다. 하지만 그는 여전히 이런저런 이유를 대며 부정적인 태도를 고수했고 내 뜻을 따르지 않았다. 그뿐만 아니다. 공공연하게 A팀장을 무시하거나 험담을 하는 것으로도 모자라 "상사가 시키는 것을 일일이 다 하면 힘드니 그러지 말라"고까지 했다. 나중에 그 이야기를 전해 듣곤 경악을 금치 못했다.

나는 일한 만큼 혜택과 보상을 주어야 한다고 생각하는 사람이다. 고과와 같은 평가도 개인적인 감정에 치우치거나 순번이 되었다고 해서 높은 점수를 주는 일은 결코 없다. 매사에 최선을 다하고 긍정적으로 임하는 A팀장이 자신의 성과와 입무대도를 인정받을 수 있도록 다리를 만드는 것이 내 역할이라는 생각에, 나는 그 팀의 업적보고서를 만들어 나의 상사분께 A팀장이 직접 보고할 수 있도록 했다. 쉽지 않은 기회라 A팀장이 감사하다는 마음을 내게 표현했는데, 감사는 오히려 내가 해야 한다며 격려했다.

그 일로 A팀장은 회사의 일약 스타로 떠올랐다. 그동안 A팀장을 잘 알지 못했던 높으신 분들에게도 좋은 이미지로 각인되었고, 그즈음의 시상은 모조리 휩쓸었다. 나는 가능한 모든 루트를 동원하여 A팀장의 성과와 노력이 인정받을 수 있게 해줬다. 회사는 열심히 노력하여 적극적으로 성과를 만드는 직원에게 상을 주는 곳이기 때문이다.

반면 매사에 부정적인 B팀장에 대해서는 굳이 어떠한 행동도 하지 않았다. 상사로서 나의 관심은 긍정적인 태도의 A팀장을 돋보이게 만드는 것인 데다, 무엇보다 내 귀한 노력을 부정적인 태도의 B팀장에게 조금도 낭비하고 싶지 않았다. 게다가 내가 뭐라 하지 않아도 둘은 자연스레 비교되었고, 결국 B팀장은 스스로 위축되어 엄청난 스트레스를 받게 되었다.

이후 긍정적인 성향의 A팀장은 스스로 동기부여가 되어 더 많은 업무 시도를 했고, 그 열정과 실력을 인정받아 회사의 요직에 발탁되어 이동했다. 나는 나와 함께하는 동안 최선을 다해 일하고 도전해주었던 그의 열정과 수고에 감사하며 진심을 담은 응원과 격려의 인사를 보냈다. 긍정적인 자세로 노력하는 자만이 회사의 보상과 칭찬을 누릴 수 있고, 그 원칙이 실행되도록 하는 것이 상사가 존재하는 이유이다.

비단 회사가 아니더라도 세상을 살아가는 데 있어서 긍정적인 시각은 무척 중요하다. 현재의 주어진 여건은 같을지라도 그것을 긍정적인 시선으로 바라보는 사람은 어떻게든 길을 찾아 전진해 간다. 반면 부정적인 시선으로 바라보는 사람은 멈추거나 뒤돌아간다. 그래서 전진이 없는 후퇴의 삶을 산다.

조사에 의하면, 인간은 청소년이 되기까지 긍정의 말보다 부정의 말을 훨씬 더 많이 듣는다고 한다. 17살이 될 때까지 부모나 선생님 등 주위 사람으로부터 "넌 할 수 없어"라는 말을 평균 15만 번 듣는다고 한다. 이에 비해 "넌 할 수 있어"라는 긍정의 말을 듣는 것은 30분의 1 수준인 5,000번 정도에 그친다는 것이다.

나의 의지와는 무관하게 성장기 동안 "넌 할 수 없어"라는 부정적인 생각이 더 강하게 심어진 탓에 우리는 의식적으로 "나는 할 수 있다"라는 긍정의 말과 생각을 더 자주 해야 한다. 하루에 수도 없이 "나는 할 수 있다", "나는 잘할 것이다", "다 잘될 것이다"와 같은 긍정의 말을 자신에게 해주다 보면 생각과 태도도 바뀔 수 있고, 결과 또한 긍정을 이끌 수 있다.

긍정은 막연한 낙관과는 달리 실행이라는 노력이 포함된 태도이기에 성공 확률을 높여주고 성취감으로 연결되어 또 다른 긍정의 선순환 고리를 만든다. 긍정적인 시각으로 세상을 바라보자. 그래야 삶도 일도 활력이 넘치고 풍요로워진다. 그렇다면 자신에게 긍정의 말을 하는 것 외에 긍정의 태도를 가질 수 있는 효과적인 방법은 없을까? 나는 그 해답을 부정적인 사람의 태도 속에서 찾았다.

부정적인 사람은 매사에 감사할 줄 모르고 늘 툴툴댄다. 기껏 생각해서 배려하면 겨우 이거냐고 불만을 한다. 어차피 해주어도 불만이니 상대로선 아예 해줄 마음이 생기지 않는다. 그래서 그들은 모르는 사이 제 발로 걷어차는 기회들이 많고, 그러니 되는 일도 잘 없다.

작은 일에도 감사한 마음을 가지려 노력해 보자. 일기처럼 매일의 감사 항목을 적어보자. 처음에는 감사할 일이 그다지 없다고 느낄 수도 있겠으나, 의미를 부여하면 감사할 일이 수도 없이 많다. 출근길에 싫어하는 상사를 만난다면 두 번이 아닌 한 번만 만난 것에 감사하고, 새로 장식한 네일이 뾰족한 모서리에 긁혀 망가지면 손을 안 다친 것에 감사하면 된다.

이렇듯 관점만 바꾸면 세상 모든 일이 감사하지 않은 일이 없다. 그런 감사가 긍정의 마음을 만들고 좋은 기운이 되어 나를 보는 사람들의 시선이 달라지고 기회가 열리게 된다. 긍정의 에너지를 내뿜는 사람에게 좋은 사람들이 모이는 것은 덤이다. 회사 일도 결국은 사람이 하는 일이니 그들은 내게 천군만마와 같은 존재가 되어 또 다른 행운을 가져다줄 것이다.

약점을 관리하라

나를 최고의 브랜드로 만들기 위해서는 강점을 잘 발휘하는 것 못지않게 약점을 관리하고 개선하는 것이 중요하다. 약점이 없는 사람은 없을 테지만 그렇다고 약점을 당연한 것으로 여기며 그냥 두는 것은 바람직하지 않다. 특히 더 큰 성장을 바란다면 약점을 관리하고 개선하려는 노력을 기울일 필요가 있다.

나 역시 대표적인 약점이 몇 가지 있다. 처음엔 개인적인 성향이라 여기며 대수롭지 않게 생각했다. 그런데 직급이 높아질수록 이런 약점들이 더 도드라져 보이는 듯했다. 강점이 나를 빛나게 한다면 약점은 나의 강점마저도 가리는 치명적인 걸림돌이 될 수 있다는 생각에 적극적인 관리를 시작했다.

회사의 대표이거나 최종 결정권자가 아닌 이상 아무리 일을 잘해도 업무에 관한 지적을 피해갈 수 없다. 그런데 나는 지적을 받는 것을 유독 참지 못했다. 자존심이 상하기도 하고, 업무가 아닌 사적인 감정이 개입된 것은 아닌지 오해가 되기도 했다. 게다가 어려서부터 잘했다는 말을 많이 듣고 자라서인지, 잘못된 것을 수정하고 보강하라는 지시에 적응하기까지는 오랜 시간이 걸렸다.

언젠가는 수정지시를 받고 그 이유에 대해 상세하게 설명해 달라고 상사에게 무례하게 군 적도 있었다. 나의 판단에는 내가 한 방향이 맞는 것 같은데, 어떤 근거로 틀렸다고 하는 것인지를 몇 시간이나 따져 물었다. 설명을 듣고도 납득이 안 되면 끝도 없이 불만을 토로했고, 심지어는 상사에 대한 부정적인 감정으로까지 쌓아두었다.

직급이 올라가고 윗사람이 되자 나의 이러한 태도가 얼마나 큰 문제인지를 깨닫게 되었다. 일의 진행 속도를 더디게 할 뿐만 아니라 감정까지 불편해질 위험이 있었다. 내가 지적받기를 싫어하는 것은 업무에 대한 지적을 나에 대한 지적이자 부정으로 받아들이기 때문이었다. 나 자체가 부정당한다고 생각하니 반사적으로 반항적인 태도가 나왔던 것이다.

이런 깨달음 이후로 나는 지적당하는 일 자체에만 집중하기로 했다. 내가 제출한 기획안이 완벽하지 못해 상사로부터 꾸중을 듣는다면 그것을 내가 제출한 기획안의 문제로만 제한하고 나 자체의 문제로 확대해석하지 않았다.

그렇게 생각하고 나니 마음이 훨씬 편해졌고, 지적당한 문제를 객관적으로 바라볼 수 있게 되었다. 문제를 객관적으로 바라보니 실제로 지적한 사실이 옳은 경우가 많았고, 오히려 보완하면 나에게 도움이 될 수 있는 경우도 많았다. 덕분에 상사에게 지적을 받으면 그 문제에 대해 다시 한 번 재고해 보는 좋은 습관이 생겼다. 내가 놓치거나 간과했던 사실이 있지 않은지 생각하게 되니 전보다 일의 완성도도 높아졌다.

좁은 인간관계도 내겐 큰 약점이었다. 나는 인간관계에 있어 선택과 집중을 선호한다. 많은 사람과 친해지려다 보면 시간과 에너지도 많이 소요될뿐더러 불필요한 스트레스까지 감당해야 하니, 내 생각을 공유하고 나를 이해하는 소수의 몇 사람으로 충분하다는 생각이다.

이러한 나의 소신과는 별개로 직장에서의 인간관계는 다르다. 회사에서의 인간관계는 사교나 친목이 아닌 업무를 가장 큰 목적으로 하기에 폭넓은 관계가 도움이 되는 경우가 많다. 특히 중간관리자 이상으로 올라가면 인간관계의 폭이 좁은 것은 핸디캡으로 작용하기도 한다.

나 역시 부장으로 진급하고 나서는 업무를 할 때 인간관계의 중요성이 서서히 느껴지기 시작했다. 여대 출신의 경력사원인 나는 직장에서 인간관계를 넓게 하지 못하는 가장 큰 핸디캡을 다 가지고 있었다. 직장 내 인간관계의 가장 큰 재산인 동기도 몇 명 되지 않았고, 학연에 의한 관계를 이어 나가려 해도 20년 동안 단 한 명의 대학 선배만 뵌 것이 다였다. 게다가 이직 후 초창기에 동료와 선배들에게 상처를 받는 일이 잦아지면서 이후론 사람들과 적당하게 거리를 유지하고 있었다.

가랑비에 옷 젖는 것을 모르는 것처럼 처음에는 불편함을 느끼지 못하다가, 어느 순간 내 주변에 사람이 많지 않다는 것을 느꼈다. 폭넓은 업무를 하기에 다양한 관계가 도움이 될 수 있는데 나는 준비가 되어 있지 않았다.

인간관계의 취약함을 보완하기 위해 더욱 업무에 집중하고 매달렸다. 그리고 인간관계의 폭을 넓히기 위한 나름의 노력도 병행했다. 우선 회사 내에서는 잘 알지 못하는 동료 팀장이나 선배들에게 점심을 함께 먹자고 청하고, 가능한 정기적으로 함께 했다. 직접 알지 못하는 분들은 소개를 해 주는 사람을 가운데 끼어 식사나 차를 함께 했다. 그렇게 안면을 트고 조금 친해지면 소개한 사람을 제외하고 따로 만나기도 하고, 점심을 먹다가 친해지면 퇴근 후 가볍게 맥주 한잔을 하기도 하는 등 천천히 관계를 만들어 나갔다.

회사 외적으로는 업무상 만나는 한 사람 한 사람을 놓치지 않으려 했다. 때마다 안부를 묻는 문자나 전화를 하는 등 내 존재를 잊지 않게 하려 했고, 가끔은 차를 마시기도 밥을 먹기도 하는 등 관계를 유지하려 노력했다. 또 발이 넓은 동료나 선배의 힘을 빌리기도 했다.

내가 친한 사람이 누구와 안면이 있는 것을 알게 되면 소개해 달라 청하여 함께 만나고, 이후로도 지속적인 만남을 이어 나갔다. 직급이 올라갈수록 사람들의 니즈가 비슷하기에 나와의 관계를 만들기 위해 먼저 다가오는 경우도 많았다. 업무상의 인간관계이기에 서로의 필요가 통하면 적은 노력으로도 인연을 맺기는 쉬웠다. 대신 그 인연이 소중하고 귀한 인연으로 발전하기 위해서는 반드시 관계에 진심을 담아야 했다. 아무리 서로가 업무적 목적이 있어 만난다 하더라도, 그것의 주체는 인간이기에 진심과 성심 없이는 끈끈한 관계로 이어지기가 어렵다.

여러 약점 중에 가장 관리하기가 힘든 것이 기질적인 부분이다. 나는 호불호가 분명한 성격인 데다, 일에 대한 열정까지 더해지니 후배의 실수나 잘못에 대해 화를 참는 게 쉽지 않았다. 후배의 실수 상황이 반복되는 경우는 감정을 섞어가며 꾸짖었으며, 심할 때는 마음에 상처가 되는 원색적인 표현까지 할 때도 있었다.

지점장 초기 시절의 일이다. 함께 일하던 K팀장에게 영업계획에 대한 보고서를 제출하라고 했는데, 올라온 보고서의 내용이 기대치에 못 미쳤다. 중간중간에 오타도 있고 고민한 흔적이 전혀 보이질 않아, 나는 K를 불러 보고서에 대해 지적을 했다. 내 말에 K는 "최선을 다한 겁니다"라고 했는데, 그 말을 듣자 나는 버럭 소리를 지르며, "이게 최선을 다한 거라고요? 이렇게 해서 영업목표를 달성할 수 있겠어요!"라고 다그쳤다.

K팀장과 함께 일한 지 얼마 되지 않았을 때라 서로의 스타일을 몰랐던 상황이었는데, 내가 원하는 방향과 수준이 아니라는 이유로 다짜고짜 화부터 내버린 것이다. 게다가 최선을 다했다는 K의 말이 내겐 저항처럼 느껴져 화가 나기도 했다.

나중에 안 사실인데, K는 업무도 정말 열심히 하고 실적도 우수한 실전형 팀장이었다. 보고서 작성이 익숙지 않아 보고서에 본인의 실력을 다 담아내지 못할 뿐이었다. 게다가 나에게 제출할 보고서를 만드느라 야근과 조기출근까지 하며 깊은 고민을 했다고 한다. 그런 줄도 모르고 첫 순간부터 나는 욱하는 성격 때문에 K와의 관계가 어색해졌고, 다른 부서로 발령이 나 헤어지는 순간까지 완전히 회복하지 못했다. 내가 좀 더 그 팀장의 상황을 먼저 확인했더라면 그 진실성을 이해했을 것이고, 서로 친밀한 관계로 더 많은 성과를 이루었을 것이라는 생각에 안타까운 생각이 들었다.

그 일이 있는 후로 나는 화가 나는 일이 있으면 곧바로 감정을 표현하지 않으려 노력했다. 심호흡을 하거나 마음속으로 숫자를 세는 등 감정과 표현 사이에 시간의 차를 두려 노력했다. 이런 것조차 통하지 않을 정도로 화가 폭발하는 상황이면 나중에 다시 얘기하자며 일단 그 자리를 피했다. 그리고 무엇보다 상대방에게 내가 알지 못하는 무슨 이유나 사정이 있을지도 모른다는 생각도 해본다. 이처럼 시간을 두어 끓어오르는 분노를 다독이고, 이후 상대에 대한 포용력을 가지면 감정이 정제되고 마음이 누그러져서 전보다 훨씬 이성적이고 평온하게 상대방에게 말할 수 있다.

이 외에도 나의 약점들은 많고, 그중엔 쉽게 고쳐지지 않는 것들도 있다. 그럼에도 나는 시행착오를 거치며 나의 약점들을 하나둘 다듬어 가며 나를 완성해나가고 있다. 약점 없는 사람은 없다는 말 뒤에 숨어 자신의 약점을 그냥 내버려둔다면 결국엔 그것에 발목이 걸려 넘어질지도 모른다. 나를 최고의 브랜드로 만들기 위해서는 강점을 잘 살리는 것 못지않게 약점을 관리하고 줄여가야 한다.

목표 노트가 나를
움직이게 한다

장기간 휴가를 내어 태국 치앙마이에 홀로 여행을 간 적이 있다. 한 달 살기 열풍과 함께 디지털 노마드 사이에서 저렴한 물가와 감성 있는 힙한 장소로 인기가 상승하는 곳이었다. 난생처음 혼자서 장기간 여행을 하고 온 후의 소감은 감동 그 자체였다. 빡빡한 업무에만 갇혀 살다가 잠시 빠져나온 세상은 이루 말할 수 없이 경이로웠다. 이런 세상도 존재하는구나,라는 생각이 들었다. 오롯이 나에게만 집중할 수 있었고, 새소리와 바람 내음이 그렇게 상쾌하고 기분 좋은지도 처음 느꼈다. 이전까지 느낄 수 없었던 전혀 새로운 행복이었다.

돌아오는 시간이 가까워지자 나는 또 하나의 목표를 정했다. 매년 나를 위한 선물로 혼자만의 해외여행을 떠나고, 65세가 되면 1년의 반은 따뜻한 나라에서 지내야겠다는 것이었다. 이것은 막연한 바람이나 생각이 아닌 말 그대로 실행이 전제된 목표였다.

목표를 달성하려면 내가 무엇을 할지에 대한 계획을 세워야 했다. 우선 돈을 더 저축해야 한다. 그리고 연중에는 휴가 없이 업무에 집중해야 하고, 장기간 업무를 비워도 나의 빈자리가 드러나지 않도록 업무적으로나 가정적으로 완벽한 마무리가 필요했다. 그 정도는 노력하면 할 수 있을 것 같았다. 불필요한 지출을 줄이고 현재에 더 충실하면 되겠다는 생각이 들었다.

은퇴 후 장기거주를 위해서는 할 일이 있어야 하기에 피부미용과 메이크업 자격증을 따는 것을 계획했다. K뷰티 강좌를 개설하여 한국을 알리고 싶어서다. 이를 위해선 언어가 좀 더 유창하면 좋을 듯하여 외국어 공부도 다시 시작할 계획을 세웠다.

그렇게 나는 한국에 도착하자마자 비장한 각오로 다시 내 삶을 시작했다. 치앙마이에서의 평온함과는 완전히 다른, 치열한 시간이 열렸지만 피곤함보다는 행복감이 채워졌다. 이루고 싶은 새로운 목표가 생기니 내 안 어디선가 그것을 이끌어줄 에너지가 다시 샘솟는 듯했다.

목표는 나를 움직이게 하는 원동력이다. 목표를 이루려면 무엇인가를 해야만 하니, 결국 나를 움직이게 하는 것이 목표인 셈이다. 그런 이유로 끊임없이 목표를 세우는 것이 필요하다. 인생 전반에 걸친 원대한 목표는 물론이거니와 보름마다 책 한 권 읽고 독후감 쓰기, 한 달 동안 불량식품 안 먹기와 같은 생활 속 소소한 목표를 세우는 것도 필요하다. 목표는 내가 목표지점에 도달할 수 있도록 만들어주는 최고의 원동력이기에, 목표 그 자체만으로도 충분히 의미가 있다.

목표를 세울 때는 두루뭉술하고 막연한 것보다는 명확하고 구체적인 것이 실행을 이끄는 데 도움이 된다. 예를 들면 팀의 '실적 향상'이라는 목표보다 '2분기 매출실적 30억, 신장률 10%' 등과 같이 달성시기와 정확한 수치가 분명하게 드러나는 것이 좋다. 그래야만 목표로 나아가는 과정에서 나의 위치를 확인하였을 때 어느 지점에 도달해 있는지 쉽게 파악할 수 있다. 모호한 목표는 동기부여가 약해지고 중간에 행동이 흐트러질 수 있으므로 앞만 보고 달릴 수 있도록 명확하고 구체적인 목표설정이 중요하다.

목표를 달성하기 위한 단계적 계획도 수립할 필요가 있다. 산의 정상에 오르기 위해 등산로 계획을 세우는 것처럼 목표를 이루기 위해 사전에 거쳐야 하는 과정들을 정리하고 그에 대한 실천계획 또한 마련해두는 것이 좋다. 만약 내가 기업대표가 되는 것이 목표라면 구체적인 분야와 규모를 설정한 뒤, 이를 이루기 위해선 어떤 회사에 들어가 어떤 경험을 쌓고, 관련 공부는 어떤 방법으로 할 것인지 등에 관한 계획들을 시기별로 세우는 것이 도움이 된다. 계획한 일정대로 이루어지지는 않겠지만 주기적인 체크와 업데이트 과정을 통해 목표의 실현 가능성이 커지게 할 수 있다.

직장인 중에는 '5년내 과장 승진'과 같이, 직급과 직책만을 목표로 하는 경우가 더러 있다. 현재 내가 직장인이라고 해서 목표를 회사의 영역, 특히 직급과 직책에만 두다 보면 멀리 내다볼 수 없다. 목표를 위치에 두면 폭이 좁아지고 위축될 수 있다. 거기에 연연하게 되어 제대로 된 판단을 할 수 없다. 더한 능력이 내게 있어도 직급이나 직책의 목표가 나의 활동 범위와 생각의 폭을 좁힌다. 오히려 목표를 '위치'가 아닌 플러스 '역량'에 두면 회사를 벗어난 영역, 즉 내 삶의 전반적인 부분에서 나의 능력과 자질을 끌어올릴 수 있다.

한편, 목표를 달성하기 위한 의지와 열정을 높이는 데 도움이 되는 다양한 장치를 활용하는 것도 좋다. 나의 경우엔 '목표 노트'를 작성하는 것이 큰 도움이 되고 있다. 나는 지난 15년 동안 꾸준히 '목표 노트'를 작성해왔다. 이전에도 목표와 관련한 기록은 했지만 한 권에 통합본으로 히스토리 관리를 하며 작성한 것은 15년 전부터이다.

나의 목표 노트에는 유통기업으로의 이직 이후 처음 지점장이 된 기록부터 부장이 되고 임원이 되기까지의 과정들이 담겨 있다. 그리고 회사와 관련된 목표뿐만 아니라 내 인생 전반에 관한 장기적 계획도 담겨 있다. 회사와 관련한 목표는 그저 내 인생의 여러 목표 중 일부분에 지나지 않기에 내 삶의 최종 목표와 그것을 이루기 위한 중간 단계들의 목표 및 계획, 점검 사항들도 세세히 적어두는 것이다.

그뿐만 아니다. 1년마다 그해에 이루고 싶은 목표를 수립하고, 이를 달성하기 위해 내가 무엇을 더 보완해야 하는지, 현재 어느 시점에 와 있는지 등도 자세히 기록한다. 목표와 계획, 그리고 중간 점검의 내용뿐 아니라 나의 의지가 흔들리는 사건이 발생할 때마다 그것을 이겨내려는 당찬 다짐도 기록되어 있다.

목표에 대한 히스토리 관리를 하려던 처음의 의도와는 달리, 기록들이 쌓여가며 목표 노트는 나에게 또 다른 힘을 주었다. 힘들고 지처서 멈추고 싶은 순간이 와도 그간 노력하고 달려왔던 내게 미안해서라도 멈출 수가 없었다. 목표 노트를 펼쳐볼 때마다 더 나은 모습으로 성장해온 내게 감사함을 전하고 싶어졌다. 이렇듯 나의 목표 노트는 어려운 상황을 이겨내고 여기까지 달려오게 한 나의 숨은 공신이다.

목표 노트를 통한 세세한 기록이든 그림이나 사진처럼 선명한 이미지로 목표를 형상화하든 상관없다. 그게 무엇이든, 분명하고 명확한 목표는 나를 움직이게 하는 최고의 원동력이 되어준다. 목표를 세우고 매일매일 최선을 다하며 끊임없이 노력하고 달려가다 보면 수많은 점이 연결되어 선이 되듯이 결국엔 바라던 것에 닿게 되고, 그 이상의 나를 만날 수 있다.

목표 노트 200% 활용법

취향에 맞는 목표 노트를 고른다

목표 노트는 볼수록 기분 좋아지는 그림이나 색상 등을 고려해 나의 취향에 딱 맞는 것을 고르는 것이 좋다. 최소 10년 이상은 나와 함께 가야 할 친구이기에 심사숙고해서 골라야 한다. 나는 내가 가장 좋아하는 해외브랜드의 이미지가 들어가 있는 사은품 수첩을 쓰고 있다. 당시 그 브랜드만 보고 있어도 기분이 좋아질 만큼 푹 빠져 있었기에, 당장 필요하지도 않은 화장품을 추가로 구매하면서까지 기어이 그 수첩을 확보했다. 그 수첩에 나의 목표를 적으면 그것을 이루려는 의지가 샘솟을 것만 같았는데, 그 느낌은 적중했다.

제일 첫 페이지에는
내가 되고 싶은 모습을 다짐처럼 기록한다

'내가 되고 싶은 모습'은 인생 항로에서 등대와 같은 역할을 한다.

비바람에 흔들리고 거친 풍랑을 만나더라도 등대가 있으면 언제든 길을 찾을 수 있다. 30대 후반에 나는 '실력으로 승부하는 지점장, 스타일 좋은 40대'라는 메모를 했다. 당시 나의 관심은 나의 경쟁력을 강화하는 것이었고, 실력만이 외풍에도 흔들리지 않는 독자적인 성장을 이룰 수 있으리라 생각했다. 또한 한 인간으로서도 멋지고 스타일 좋은 40대의 모습이고 싶었다.

생애주기표를 작성하여
나의 전 생애를 한눈에 바라보자

생애주기표는 나의 일생을 시각화한 도표이다. 생애주기표를 한눈에 가시화하여 보는 것만으로도 내 인생을 통으로 보게 되고 숲을 보는 훈련이 되어 장기적 목표를 수립하고 사사로운 것은 과감히 버리는 여유와 결단이 생긴다. 시기별로 목표를 기록하고 나에게 직접적인 영향을 줄 수 있는 가족의 생애도 함께 기록해 두자. 뜻하지 않는 외부 변화 때문에 나의 계획에 차질이 생기는 것을 방지할 수 있고, 사전에 일정을 조율할 수 있어 나의 계획대로 진행하는 것이 수월해진다. 결혼, 은퇴 등 단기에 끝나지 않고 장기간 영향이 이어지는 사안일수록 사전에 이에 대한 단계적인 계획이 필요하다.

계획의 나침반을 만들자

    시간을 기준으로 목표는 장기, 단기로 구분할 수 있다. 최종적으로 목표하는 바는 장기 계획이지만 너무 멀게 느껴져 현실성이 떨어질 수 있으므로 이를 채우기 위한 단기 계획을 함께 수립한다. 새해를 맞아 한 해의 계획을 세우는 일처럼 1년 단위의 단기 계획을 수립하기에 앞서 장기 목표와 교량 역할을 하는 계획 나침반을 정리해두면 도움이 된다. 등산 출발점에서 시작하여 중간의 이정표를 보고 최종 목적지에 오르는 것처럼 단기와 장기 계획 사이의 시간적 간극에

서 발생하는 표류를 예방하기 위함이다. 나의 경우는 피라미드형으로 계획을 정리했다. 피라미드를 수평으로 자르고 10년 단위의 목표를 기록하고 필요한 역량을 기록했다. 이를 바탕으로 1년 단위의 단기 계획을 수립하면 일관성 있고 균형감 있는 계획을 수립할 수 있다. 분기별 1회 진도를 체크하고 추가 계획을 수립하거나 보완한다. 단기 계획은 실행을 이끎으로써 장기 계획을 완성하는 효과가 있다. 목표 노트가 행동의 바탕이 되는 마음을 단단히 다지는 것에 효과적이지만 결국 실천하지 않으면 무용지물이 되기에 내 목표를 이루는 데 가장 중요한 것은 일관성 있는 단기 계획의 실천이라 할 수 있다.

사회인이 아닌 개인인 나를 위한
버킷리스트도 쓰자

장기 및 단기 계획이 사회인으로서의 목표로 작성되었으니 이젠 개인으로서의 나를 위한 버킷리스트를 따로 작성해 보자. 앞서 말했듯, 직급이 올라가다 보면, 나도 모르게 회사 중심으로만 사고하고, 모든 일을 계획하게 된다. 따라서 개인을 위한 버킷리스트 작성은 "직장인"으로서의 내가 아닌 "나"로서의 나를 지켜주는 중요한 과정이다. 나는 이 또한 진도표를 만들어 최소 6개월 이상의 주기로 체크하는데, 진도율 체크를 하다 보면 나도 모르는 사이에 많은 항목이 이루어져 있다. 마치 배가 등대를 가리키는 나침반을 따라가며 방향

● 2011 버킷리스트

비고	구분	다짐	2011	2012	2013	2014	2015	2016	2017	2018	2019	2020	비고
1	영어 원어민처럼 하기	두바이 세상을 만나고 싶다											
2	내 적주생활을 담은 책 쓰기	사람은 죽어서 이름을 남기리									9월		출판사 계약 완료~!!
3	그리스 산토리니 가기	광고의 주인공이 되고파					*						사진을 많이 봤나? 다녀온 느낌
4	아빠한테 사랑한다고 말하기	한평생 외로우셨을 나의 아빠			11월								
5	수입차 BMW 타기	끝나는 인생 살기				*							차에 돈 쓰는 거 아까움
6	초등 동창 첫사랑 찾기	불평없는 나를 최고라고 말해준 너											
7	내 명의로 서울에 집사기	이사다니는 거 그만 하고싶다		9월									
8	몸무게 48kg 만들기	진정 50은 마의 숫자란 말인가!?								6월			뼈무게가 빠진듯하나 어쨌든 달성
9	드럼으로 반주할 실력만들기	평생 악기 하나는 할 줄 알아야지											
10	북유럽 한달 살기 (13년)	내 삶의 여유 끝판왕											
11	미국유학 가기 (14년)	60세 목표, 내 어릴적 꿈											
12	아들이랑 둘이서 여행해 (14년)	함께 못 있어서 미안, 사랑해								6월			이 보다 더 좋을 수는 없다
13	엄마랑 단둘 여행가기 (15년)	죄송하만 부디 이겨내주세요										10월	늦었지만 감사 또 감사

을 잡아 나가는 것처럼 자연스레 나의 삶이 목표를 향해 움직이고 있었다. 따라서 버킷리스트는 구체적으로 기록하고 항목 외에 다짐도 적어두는 것이 좋다. 단순한 목표에 그치지 않고 나의 절절한 마음을 함께 담아두면 의지가 더 생기기 때문이다. 10가지, 15가지 등 단순히 목표 개수를 정해서 채우는 것보다는 내 마음에 집중하여 원하는 항목만 기록한 후 추후 보강하는 것이 좋다.

과거에는 버킷리스트였으나 이제 더는 버킷리스트가 아닌 경우도 생긴다. 내 취향이 변한 것일 수도 있고, 그 항목이 더는 내게 버킷리스트가 될 수 없을 정도로 내가 발전한 덕분일 수도 있다. 이런 경우는 나를 칭찬해줘야 한다. 이루기 쉽지 않아 세운 계획이었으나 어느덧 그것을 이룬 것과 같은 수준에 달했으니 칭찬받아 마땅하다. 나의 경우, 그리스 산토리니에 가는 것과 수입차를 타는 것이 그랬다. 예전에는 경제적으로나 시간적으로도 너무 멀게만 보였던 일들인데 이제는 마음만 먹으면 언제든 할 수 있으니 굳이 버킷리스트에 넣을 필요가 없어졌다.

특별한 형식 없이 내 마음을 기록해보자

목표를 이루어 가는 과정은 장기전인만큼 멘탈 관리도 중요하다. 이를 위해 목표 노트에 내 마음을 기록하는 것도 도움이 된다. 목표로 향하는 긴 여정 속에서 나의 의지를 다지고 나를 추스르며, 나의 성장에 도움이 될 만한 감정이나 사건 등을 기록하면 된다. 나는 매년 임원인사 시기의 분위기와 내 다짐, 비행기 일등석을 탔을 때의 기분, 왕따를 당했을 때의 아픔 등을 적었다. 새로 임원이 되는 사람들의 기쁨에 찬 얼굴을 보며 나도 저렇게 되어야겠다는 다짐을 했고, 일등석을 탔을 때의 후한 대접을 경험하며 퇴직 이후에도 일등석을 타고 여행을 다닐 수 있는 지위를 가져야겠다고 생각했고, 왕따가 될수록 실력을 키워 그들의 코를 납작하게 해주겠다는 다짐을 했다. 나중에 읽다 보면 스스로가 그렇게 대견할 수가 없다. 특히 힘든 일을 겪었을 때의 심정이 담긴 글을 읽으면 그때의 감정이 되살아나 먹먹해지지만, 그 또한 이겨내었기에 여기까지 올 수 있었으니 그 모든 경험이 값지고 귀하게 여겨진다.

높이 올라갈수록
엉덩이는 더 가볍게

"차라리 선배님이랑 근무할 때가 좋았어요. 저는 세상에 그런 스트레스가 존재하리라고는 상상도 못 했어요."

디자인 실장으로 근무할 때 함께 팀원으로 일했던, 이제는 선후배로 지내는 후배가 간만의 모임 자리에서 말했다.

"옷에 들어가는 자수 컬러 정하는 게 그게 뭐 어려워요? 몇 초면 할 일을 모든 디자이너에게 자수 컬러 컨펌을 무조건 기다리라고 하고 며칠을 쌓아 놓으니 퇴근도 늦어지고 생산도 미뤄지고……. 선배랑 일할 때는 그런 스트레스는 없었는데……."

후배는 함께 근무하는 실장이 도무지 몸으로 움직이려 하질 않고 뭐든 말로만 처리하려 한다며 불만의 목소리를 높였다.

"일은 되게 해야 할 것 아니에요. 높은 사람이 되면 다 그래요? 엉덩이가 얼마나 무거운지 도통 움직일 생각을 안 해요. 월급 받기 미안하지도 않나."

후배의 스트레스를 이해할 수 있을 것 같았다. 상사의 컨펌이 있어야 일의 진행이 가능한 후배 사원들에게 있어서 상사의 발 빠른 액션은 본인의 일정 관리에 큰 도움이 된다. 품평회용 샘플을 쇼장으로 옮기거나 원단 창고를 정리하는 등의 힘이 들어가는 온갖 일들을 본인은 손 하나 까딱 안 하고 말로만 시키는 것도 화가 나는데, 잠깐의 시간을 내어 책상에서 체크만 하면 될 일까지 함흥차사 손에 쥐고 있으니 폭발한 것이다.

여전히 적지 않은 사람들이 중간리더의 자리에 올라가면 도제 제도처럼 어지간한 일들은 후배 사원이 해야 한다고 생각하고 본인은 안 움직이려고 하는 경향이 강하다. 타부서와 미팅에 참여하거나 상사의 지시를 받아오는 등의 정적이고 폼나는 일만 하려고 하는 것이다. 그러나 직급이 올라갈수록 오히려 몸을 움직이는 일에 팔을 걷어 붙이고 적극적으로 나서야 한다. 그렇게 일하는 사람이 드물기에 조금만 움직여도 많은 선후배가 존경의 눈으로 바라볼 것이고, 후배들과의 공감력도 훨씬 높아지는 결과를 얻을 수 있다.

그리고 무엇보다 직급이 올라갈수록 현장 감각이 떨어지기 마련인데, 직접 발로 뛰어야만 현행 업무가 가지는 문제점과 한계를 도출하여 개선할 수 있는 환경을 마련하게 되고, 트렌드의 변화를 정확히 캐치하여 미래를 대비할 수 있다. 모든 일은 내가 직접 체험해 보아야 내 것이 된다. 가만히 앉아 후배들이 하기만을 바라고 나아가 발목까지 잡는다면, 아기 새에게 먹이를 구해 오라 시켰다가 결국 모두가 아사하는 게으른 어미 새와 다를 바 없다.

나는 새로운 지점으로의 발령 소식을 알게 되면 늘 미리 방문하여 직접 쇼핑을 해 본다. 새로운 업무를 시작하는 신입사원부터의 오래된 습관으로 가장 중요하게 생각하는 단계이다. 고객의 입장이 되어 매장의 여기저기를 돌며 쇼핑을 해보고, 편리하고 좋은 점과 불편하고 힘든 점 등을 세세히 기록한다. 그리고 정식으로 발령이 나면 그때 기록해 두었던 것들을 토대로 하나하나 개선해나간다. 정식 발령 후 관리자의 눈으로 점검하면 개선점이 눈에 보여도 하지 못하는 이유가 함께 떠올라 자칫 변명 뒤에 숨는 오류를 범할 위험이 있다. 그래서 순수하게 고객의 눈으로 바라보며 무조건 해내야 한다고 추진 동력을 얻는 것이다.

A지점의 지점장으로 발령된 것을 알고 매장을 미리 둘러보니 쇼핑카트가 너무 더러웠다. 내가 고객이라면 카트 손잡이를 만지는 것이 싫어서라도 이 매장에서 쇼핑을 안 할 것 같았다. 부임 첫날 나는 지점장실에 짐을 풀자마자 첫 임무로 카트 닦기를 결정했다. 해당 팀장에게 카트 대청소 일정을 잡으라고 하니 2개월 뒤로 시작 일정을 계획했다. 당시가 1월이었는데, 한겨울에 물청소를 하면 바닥에 물이 얼어 낙상사고가 날 수도 있고, 카트 담당 사원들이 추운 날씨에 찬물로 카트를 닦는 것도 무척 고생스러운 일이라는 보충설명을 덧붙였다.

"그래요? 낙상사고가 나면 안 되니 작업공간은 사람들이 안 가는 건물 뒤 공터가 좋겠네요. 그리고 사원들 고생시키면 안 되니 작업은 저랑 팀장들이 하면 되겠네요. 당장 다음 주부터 시작합시다!"

다들 황당해하며 벌어진 입을 다물지 못했다. 지금껏 지점장이 직접 카트를 닦는 일은 없었으며, 카트 한 대를 닦는데 최소 30분 이상 걸리는 길고 험난한 작업이라 몇 주 전부터 계획을 수립하지 않으면 시작하기가 쉽지 않은 일이었다. 그래도 어쩌겠는가. 더러운 카트 때문에 지금도 우리 지점에서 등을 돌리는 고객이 생기고 있을 텐데, 힘들고 어렵다고 뒷전으로 미뤄둘 순 없는 일이었다.

그렇게 1,000대 가까운 카트를 2주 만에 모두 닦았다. 손이 아리고 감각조차 없어질 정도로 힘들고 추웠지만 멈출 수 없었다. 그 상태의 카트를 두 달이나 더 고객들에게 사용하게 할 수는 없었다. 다행히 함께한 팀장들 덕분에 매장의 모든 카트는 2주라는 짧은 시간 안에 새것과도 같은 깨끗함을 되찾을 수 있었다.

그때 함께 카트를 닦았던 팀장들과는 그 어느 팀장들보다 끈끈한 관계가 되었다. 아직도 만날 때마다 그때의 일을 회상하는데, 지점장인 내가 나서서 카트를 직접 닦으리라고는 상상도 못 했다며 웃는다. 다들 동상이 걸릴 정도로 손끝이 얼얼했던 2주를 보냈지만, 그 덕분에 이후론 사원들이 카트의 청결관리를 알아서 잘해주어 더는 카트 대청소를 하지 않아도 됐다.

한편 다음 부임지였던 B지점의 경우엔 가장 시급하게 개선해야 할 점이 상품을 진열한 집기의 배치였다. 고객이 편리하게 쇼핑하려면 상품진열 집기가 쭉쭉 뻗은 동선상에 배치되어야 하는데 구불구

불 좁은 동선이 영 불편해 보였다.

나는 발령 첫날 집기의 배치를 바꾸어야 할 필요성에 대해 사원들에게 설명했다. 다행히 사원들 역시 그 부분에 필요성을 느끼고 있었다. 그러나 일이 너무 커서 엄두가 나지 않아 아예 시도조차 하지 못했다고 했다. 집기업체의 도움을 받는다고 해도 전 사원이 최소 하루는 꼬박 달라붙어야 겨우 진행이 될 수 있을 정도의 대형 작업이었다. 어렵고 힘들더라도 해야 하는 것은 반드시 해야 한다. 나는 직원들에게 공감을 구하는 동시에 직원들의 수고를 최소화하기 위한 계획도 치밀하게 짰다.

지점의 영업이 끝나고 다음 날의 영업이 시작되기 전까지 10시간 동안 집기를 재배치하는 작업을 진행했다. 수십 명의 사원과 함께한 작업에서 나는 공사판의 십장처럼 진두지휘하며 땀을 아끼지 않았다. 말로 지시하고 집에 들어가 발 뻗고 자는 것은 내 스타일이 아니다. 게다가 과정에 대한 세심한 체크가 있어야 두 번 일을 안 하고 깔끔하게 끝낼 수 있다. 사원들이 제일 싫어하는 상사가 본인은 지시만 해놓고 퇴근한 후 다음 날 살펴보곤 이 산이 아닌가벼,라며 다시 하기를 지시하는 사람이다. 나는 사원들에게 그런 이중의 부담을 주지 않기 위해서라도 현장에서 끝까지 함께했다.

그 작업 후 매출이 상승함은 물론, 사원들은 새로운 일을 함에 있어 자신감을 가졌으며, 땀으로 맺어진 작업 속에서 사원들 간 끈끈한 전우애까지 생긴 느낌이었다.

직급이 올라갈수록 엉덩이가 가벼워져야 하는 것은 비단 공식적인 업무에만 해당하는 일은 아니다. 부족한 업무 능력을 채우는 것, 낯선 업무를 신속히 파악하는 것과 같이 개인적인 시간을 활용할 수 있는 영역에서도 직접 현장을 뛰며 살피는 것이 큰 도움이 된다.

몇 년 전, 가전제품과 문구용품의 상품을 개발하는 책임을 맡았을 때의 일이다. 전혀 생소한 영역이라 내심 걱정은 되었지만 대부분의 제품 개발 방식은 비슷하기에 무조건 최선을 다해보기로 했다. 그런데 각오와는 달리 막상 일을 해 보니 생각보다 어려운 점이 많았다. 특히 가전제품이 그랬다. 최신형 스마트폰을 가지고도 통화와 문자만 주로 하는 나에게 가전제품의 구조와 특성을 이해하는 일은 쉽지 않았다. 20여 년의 직장생활을 하며 다양한 영역의 상품을 취급해 보았지만 가전제품은 구조와 생산 공정 등이 다른 제품들과 전혀 달랐다. 당장 차기 시즌의 상품개발 방향을 수립해야 하는데, 막막하기만 했다.

걱정만 한다고 될 일이 아니기에 나는 우선 가전제품의 트렌드를 선도하고 있는 시장을 경험해보기로 했다. 망설일 것도 없이 그 주의 토요일에 일본으로 가는 비행기를 탔다. 새로 오픈한 대형 가전 전문점을 방문하여 트렌드 파악과 아이디어를 얻기 위해서다. 회사에 정식으로 출장의 절차를 밟으면 비용을 지원받을 수 있었지만, 당장 하루가 아쉬운 상황에서 그런 것을 생각할 겨를도 없었다. 비용부담이 있었지만 저가 항공사와 캡슐호텔, 편의점 도시락으로 최대한 절약

하고 한국에 돌아와 굶으면 될 일이다.

아이디어를 얻기 전까지는 한국에 돌아가지 않는다는 각오로 나는 1박 2일 동안 도쿄와 주변 도시에 있는 가전 전문점을 하나도 빼놓지 않고 다 돌았다. 커피 한잔 마실 여유도 없이 다리가 퉁퉁 붓도록 돌아다닌 결과, 마침내 아이디어가 떠오르고 윤곽이 잡혔다. 돌아오는 비행기에서 제안서 초안을 작성하는데 느닷없이 눈물이 나왔다. 혹사당한 나의 몸과 바꾼 노력의 결과 나의 책임을 완수한 데 대한 기쁨의 눈물이었다. 그때 귀찮다고 주말에 집에서 쉬는 쪽을 선택했다면 차기 시즌 상품 판매는 바닥을 쳤을 것이고 회사에 대한 나의 평가는 땅을 팠을 것이다. 생각할수록 다녀오길 잘했다는 생각이 든다.

청출어람을
이끌어라

　사원을 지나 선임 사원이 되고 팀장이 되는 등 회사의 중간계층이 되어감에 따라 자칫 스트레스로 다가올 수 있는 것이 후배 사원과의 관계이다. '상사 모시는 것보다 더 어려운 것이 후배 모시는 것'이라는 말을 할 정도로 스트레스를 받기도 하고, 심지어 눈엣가시처럼 느껴지는 후배 때문에 하루에도 몇 번씩 가슴을 쳐야 하는 일도 생긴다. 그러나 어쩌겠는가. 미우나 고우나 내 팀원이고 내 식구인데 어떻게든 껴안고 함께 가야 한다. 그래서 상사가 될수록 관계에 더욱 지혜를 발휘하고 때론 단호함으로 후배 사원을 리드할 필요가 있다.

　고학력 사회가 되고 경쟁이 치열해질수록 더 똑똑하고 명석한 후배들이 회사에 들어온다. 내가 대학을 졸업하고 취업할 시기에는 취업의 관문이 지금처럼 좁지는 않았다. 차이는 있지만, 졸업생의 대부분이 졸업과 동시에 취업했고, 그중 일부는 두세 군데 이상 합격하기도 했다. 취업 경쟁이 치열해짐에 따라 점점 더 사원들의 스펙이 좋아졌다. 해외연수의 기회도 많아 영어는 기본이고, 여러 영역에서 다

재다능한 경우가 많다.

이러한 후배들의 재능을 잘 끌어내는 것은 더 나은 업무성과를 창출하는 데 매우 중요한 요소이다. 한 사람의 장수가 홀로 싸우는 군대와 장수와 병사로 이루어진 군대 중 누가 더 강한 힘을 발휘할지는 굳이 말하지 않아도 알 것이다. 규모와 상관없이 내가 병사를 이끄는 장수의 역할을 담당하고 있다면, 함께하는 병사들의 힘을 끌어내어 같이 싸우는 것이 승패에 큰 도움이 된다.

과장 시절의 일이다. 직속 후배로 신입사원 C가 들어왔다. 스펙이 상위 1%의 사원이었다. 사수와 부사수의 2인 체제로 일하는 근무시스템 환경에서 함께한 지 얼마 되지 않아 C가 내게 제법 예리한 질문을 했다. 신입사원 수준에서는 물어볼 내용이 아니었다. 보통 신입사원은 일을 '어떻게' 하는지를 물어보는데, C는 "왜" 해야 하는지를 물었다. 따지듯이 묻는 부정적인 의미가 아니라, 정말 궁금해 하고 열심히 하려는 의지도 강해서 나는 C가 묻는 말에는 오랜 시간을 할애해 답변해 주고 일을 가르쳤다. C는 정말 영특하고 예리했다.

하루는 C에게 상품의 효과적인 발주 테이블 작성을 지시했다. 기존 담당자가 했던 것을 토대로 각 지점별로 상품별 주기별 발주를 어떻게 하는 것이 좋은지 계획을 짜보라고 했다. 지점과 협력사와의 재고 수량 현황이 실시간 파악되고 반영되어야 하니 고려하여 작성하라는 말도 덧붙였다.

며칠 후 C가 제출한 계획서에는 정말 연구소에서나 볼 법한 수준

높은 내용이 담겨 있었다. 몇 달 치의 자료를 분석하여 나름의 툴을 만들어 계획을 수립했는데, 내용 자체는 훌륭했으나 전달 방식에 너무 힘이 들어가 있었다. 그 자료를 지점과 협력사에 공유할 때 상대방이 제대로 이해하지 못할 정도의 지나치게 높은 차원의 보고서 내용이었다. 이 경우는 업무 능력이 너무 과한 것이 문제이니 오히려 힘을 빼줄 필요가 있었다.

"내용은 정말 훌륭해. 그런데 이 자료는 지점과 협력사 담당자들이 볼 것이니 그분들이 이해하기 쉽게 좀 더 편안하게 전달해봐."

C는 며칠 뒤 나의 피드백을 반영한 새로운 계획서를 만들어왔다. 간단명료하며, 이해하기 쉽게 잘 정리돼 있었다. 상사의 한마디를 충분히 이해하고 잘 따라오는 C가 너무나 예쁘고 대견했다.

그렇게 C와 함께하는 동안 나는 또 하나의 아쉬운 점이 보였다. C는 완벽주의의 성향이 강해서 협업부서의 자료에 오타나 실수가 발견되면 지나치게 스트레스를 받았다. 협업부서의 잘못이 원인이긴 했지만, 그로 인해 과한 스트레스를 받는다면 결국 C 자신에게 해가 되는 일이었다.

"세상엔 정말 다양한 사람들이 살고 있어. 너는 실수하지 않을 수 있어도 다른 사람은 실수할 수도 있어. 물론 업무적인 실수는 최대한 줄이는 것이 바람직하겠지만, 그럼에도 사람은 누구나 실수할 수 있다는 것도 받아들여야 해."

나는 C에게 사람의 다양성에 대해 알려주었다. 그리고 가능한 여러 영역에서 다양한 성향의 사람을 만날 수 있도록 기회를 만들어주었다. C는 전화 통화로 대부분의 업무를 처리하고 있었는데, 나는 업무적 미팅을 하는 모든 곳에 C를 함께 데려갔다. 그리고 업무 외적으로 밥을 먹는 자리나 지점 순회를 갈 때도 늘 동행했으며, 가끔은 나 대신 C가 혼자 외부 업무를 다녀오게도 했다.

다행히도 C는 여러 분야에서 일하는 다양한 사람들을 만나면서 사람들의 다양성을 인정하고 포용력을 키워나갔다. 이런 노력 덕분인지 C는 이후로 주임, 대리급이 할 수 있는 완성도 높은 업무를 처리하는 사원으로 빠르게 성장해갔다.

30년 가까운 직장생활 동안 나는 수많은 후배와 함께했다. 그들 중엔 C처럼 나의 이끎에 영민하게 반응하며 잘 따라오는 이도 있었고, 있는 힘껏 이끌어도 제대로 따라오지 못하는 이도 있었다. 이런 경험을 통해 나는 후배의 성향을 유형별로 나눠 그들의 능력을 끌어내는 나름의 노하우를 갖게 됐다. 그것을 간략하게 정리해 보면 다음과 같다.

사원은 마인드적 측면에서는 '시키지 않아도 하는 사원'과 '시켜야 하는 사원', 그리고 태도적 측면에서는 '더 하려는 사원'과 '더는 안 하려는 사원'으로 구분된다. 그리고 마인드와 태도를 중복해서 연결하면 크게 4가지 유형으로 구분할 수 있는데 유형별로 팀장의 대처 방법도 달라진다.

시키지 않아도 하고, 더 하려는 사원

외부의 자극이 아닌 스스로의 동력에 의해 자가 발전하는 유형이다. 선천적으로 일하기를 좋아하고 성취감을 즐기는 경우이므로, 이런 후배 직원이 있으면 상사에겐 큰 도움이 된다. 이들은 굳이 업무 능력을 끌어내려 노력하지 않아도 알아서 잘하기 때문에 크게 신경 쓰지 않아도 된다. 물론 가끔은 윤활유가 되어주는 칭찬과 보상이 필요하다.

"강 대리는 정말 보석 같은 친구야. 스스로 알아서 잘하니 정말 고맙고 큰 힘이 돼. 강 대리 부모님은 정말 좋으시겠다!"

실제로 나는 이런 후배 직원의 부모님께 감사의 전화를 드리기도 했다. 훌륭한 자제분을 낳아 기르셔서 우리 회사에 보내주시고 이렇게 큰 기여를 하게 해주시니 감사하다는 인사의 전화였다. 후배의 부모님께서는 크게 기뻐하셨고, 후배에게 '대견하다. 더 열심히 일하라'는 격려와 응원의 말씀을 보태 주셨다.

시켜야 하지만, 더 하려는 사원

일하기를 마다하지 않고 더 하려고는 하지만 시작은 능동적이지 않은 유형이다. 일을 어떻게 해야 할지 잘 모르거나, 실수에 관한 두려움이 크기에 무엇보다 잘할 수 있다는 자신감을 키워주는 것이 중요하다.

　다소 안타까운 유형이긴 하지만, 일을 더 하려는 마음을 가지고 있는 것은 아주 긍정적인 자세이기 때문에 일대일 방식으로 리드하면 큰 도움이 된다. 일하는 실제적인 방법을 가르쳐주면서 잘할 수 있다는 격려를 하고, 일을 다 하고 난 다음에는 격정적인 칭찬을 해주는 것이 필요하다. 그리고 "일은 원래 실패 속에서 배우는 것"이라는 말을 끊임없이 해주면, 실제로 실행과 실패 속에서 일을 배우게 되고 스스로 발전할 수가 있다.

　일의 성과를 보고 단계별로 중한 업무를 과제로 주어 해결하게 하고, 그에 대한 더 높은 성과를 맛보게 함으로써 일에 대한 완성도를 높여가면 된다. 자신의 능력에 대해 믿게 하고 그 길을 터주면 좋은 인재로 성장할 수 있다.

시키지 않아도 하지만, 더는 안 하려는 사원

　얄미운 유형이다. 어떤 일을 해야 할지를 알고 포인트도 잘 잡지만 일정 수준 이상은 하려 하지 않는 유형이다. 실리적이고 이기적인 성향이 강해서 본인이 정해 놓은 수준 이상의 업무와 과한 노력이 투하되는 시도는 본인에게 득이 되지 않는다고 생각한다. 일의 성과도 나쁘지 않아 상사는 '조금만 더 해주면 좋겠는데'라는 욕심이 들기에 더는 안 하려는 그 후배 직원의 행동이 얄밉게 느껴지기도 한다.

나쁘게 표현하면 계산적인 유형이기 때문에 보상을 통해서 밀당하는 것이 필요하다. 설득과 강한 지시를 적절히 활용하여 일을 좀 더 하게 한 다음에 그에 대한 보상을 주는 사례를 만드는 것이 필요하다. 일을 더 한 만큼 본인에게 돌아오는 실리가 있음을 알게 해 의욕을 자극하는 것이 중요하다.

시켜야 하고, 더 안 하려는 사원

에너지를 투자하는 것은 낭비일 정도로 답이 없는 유형이다. 쉽게 변하지 않고, 변화하더라도 오랜 시간과 노력이 들어가야 하니 함께 하는 동안 그의 득을 보리라는 기대는 아예 버려야 한다.

이런 유형의 후배 직원에게는 과한 것을 요구하지 않고 그냥 기본적이고 비교적 중요하지 않은 일을 맡기는 것이 좋다. 일에서 아예 배제하면 다른 사원들과의 형평성이 맞지 않으니 본인이 당연히 해야 하는 업무는 기본적으로 하게 두고, 그 선에서 체크를 하며 확인한다. 군이 힘 뺄 필요 없이 사고만 안 치고 팀 분위기를 저해하지 않게 기본적인 관리만 하면 된다. 보상을 줄 필요도 없을뿐더러 본인도 원하지 않는다. 이런 사원에게 나의 시간과 열정을 쏟는 것은 시간 낭비이다.

유리천장이
무너지는 그 날까지

진짜 리더에게는
'어른의 내공'이 있다

고지가 눈앞에 있다.
이리저리 눈치 보고 치이던 사원시절과
그럴싸하지만 사실은 쭉정이 같은
중간급 리더를 지나서
말 한마디에도 힘이 실리는
진짜 리더가 되었다.
이제, 유리천장을 깨부술
진짜 내공을 준비할 때다.
더 단단하고, 더 지혜롭고, 더 멋진 리더가 되어
힘껏 깨부수라!

왜 여성 리더는
'부드러워야' 할까?

부장으로 진급을 하고 난 이후, 나는 새삼스레 앞으로 어떻게 직장생활을 해야 할 것인가에 대해 심각하게 고민하게 됐다. 열심히 최선을 다해 업무에 충실했던 지난 시간과는 또 다른 의미의 시간이 내게 주어진 듯했다. 부장이라는 직함이 주는 이미지가 회사의 대표와도 다를 바 없어서 대외적으로 회사의 이미지를 실추시키면 안 된다는 부담감이 있었다. 또 내부적으로는 현장 업무를 직접 처리하는 실무자에서 벗어나 관리자의 단계로 들어가는 중요한 출발점이라는 생각에 더 잘하고 싶은 마음이 컸다.

회사에서 여자가 부장이 된 경우가 드물었기에 선배님 중에 롤모델을 찾기보단 내가 적극적으로 새로운 상을 만들어야 했다. 나는 후배들을 잘 이끌고 성장시켜 회사에 도움이 되는 리더가 되기 위해 몇 달을 공부하며 고민했다. 회사와 조직에 누가 되고 싶지 않았고, 믿어주시는 만큼 최선을 다하고 싶은 생각에서였다.

친한 선배에게 자문을 구했는데 책을 한 권 선물해주셨다. '부드러운 여성 리더십'에 관한 책이었는데, 과장 시절에 이미 다른 분에게 선물을 받아서 읽어보았던 것이었다. 당시는 그 책을 읽고 나름의 감명을 받았다. 내 주변에서 여자 리더를 찾아보기 힘들었던 터라, 그 책의 내용을 바이블처럼 따라 하려 애썼다. 그런데 시간이 흐르고 부장이 된 후에 내 생각은 달라졌다. 여자 리더는 꼭 부드러워야만 하나? 남자들도 다양한 유형의 리더들이 있는 것처럼, 여자들도 각자의 기질을 바탕으로 한 다양한 유형의 리더들이 있으면 안 될까? 왜 여자 리더에게는 부드러움만을 강조하는 것일까 하는 생각을 하게 되었다.

실제로 나는 그 책의 내용을 따라 하는 동안 내 성향에 맞지 않는 부드러운 리더십을 발휘하느라 오히려 일을 그르친 경험이 있다. 책에서 추천하는 여성 리더십은 섬김의 리더십이었다. 테레사 수녀님을 예로 들며, 온화하고 자신을 낮추는 섬김의 자세로 리더의 역할을 감당하라는 제안을 하고 있었다.

그분의 삶을 세세히 알지는 못하지만 '섬김'이라는 키워드와 더불어 그분의 이미지처럼 후배들을 온화하고 따뜻하게 대하려 노력했다. 그런데 어쩐 일인지 점점 더 내 마음에 앙금이 쌓여갔다. 하고 싶은 말도 못 하고, 일을 시작하려 해도 주저하게 되고, 좀 더 강하게 이끌고 싶어도 후배들의 눈치를 보게 됐다. 분명 섬김의 리더십이 그러한 것들을 제한하는 것은 아닐 텐데, 그것을 내게 적용하려니 왠지 내 몸에 맞지 않은 옷을 입은 것처럼 불편하고 무거웠다. 이대로 가

다간 자칫 마음의 병이 들 것 같아서 마음을 바꾸기로 했다. 그분의 숭고한 정신은 따르되, 방식은 내 스타일에 맞추는 것으로!

군이 그 책이 아니더라도 당시엔 여성 리더가 드물던 때라 온화하고 부드러운 '어머니'가 곧 여성 리더의 롤모델처럼 여겨졌다. 나는 이 또한 편견이라는 생각이 들었다. 어머니는 온화하고 부드러워야 한다는 편견도 썩 마음에 들지 않았고, 무엇보다 어머니의 이미지를 회사의 여성 리더에게 투영하려는 것도 못마땅했다.

성별과 무관하게 리더는 후배들을 이끄는 수장인만큼 부드러움을 유지하는 것은 필요하다. 하지만 이는 부분일 뿐 전체의 모습이 부드러울 필요는 없다. 추진력이 필요한 상황에선 강하게 리드할 줄도 알고, 책임을 져야 하는 상황에선 세상 최고로 든든한 사람이 되어야 한다. 그리고 따뜻이 품어줘야 할 땐 한없이 넉넉하고 자애로우며, 세심함이 필요할 땐 다정하게 살피며 지원해줘야 한다. 리더십의 방식이 하나일 필요는 없다.

기존의 것에 나를 억지로 끼워 맞추기보단 내 기질에 맞는 리더십을 개발하고 발휘하면 된다. 나의 장점은 최대한 살리고 단점은 절제하면서 회사에 기여하고 후배들 잘 이끌며 성장시키면 된다. 중요한 것은 다른 사람을 배려하며 조화를 이루고, 목표한 바를 힘차게 진행하여 성과를 만들어 나가는 것이다.

'여성 리더는 부드러운 리더십'이라는 굴레에서 벗어난 순간 나는 훨씬 자유로워졌다. 편견에 얽매이지 않으면서도 나다운 새로운 리더십을 만들어 효과적으로 활용하는 것이 가능해졌다. 사람은 누구나 장점이 있다. 그 장점을 살려 긍정적인 영향을 주는 나만의 색깔을 가진 리더십을 만드는 것이 중요하다. 나의 경우엔 '솔직함'이 성격적인 특성이자 장점이다. 재미있으면 배꼽을 부여잡고 웃고, 슬프면 코를 풀어가며 우는 등 내 감정을 숨기지 않는다.

나는 후배들을 이끌 때도 이런 나의 성격을 감추지 않는다. 하고 싶은 말이나 하고 싶은 일은 참거나 미루지 않고 최대한 다 하도록 했다. 마음에 꽁하니 담아 두어 앙금을 만드는 것보단 솔직하게 표현하고 전진하는 게 더 낫다는 생각에서다. 관계에 있어서 잔머리를 굴리는 법도 없다. 좋으면 좋다, 싫으면 싫다고 분명하게 말을 한다. 상황에 따라서는 이런 솔직함이 단점이 될 수도 있으나 나는 이를 최대한 긍정적으로 활용하려 노력한다.

다행히 그런 내 모습을 좋아해 주는 후배들도 제법 있다. 뒤에서 계산할 줄도 모르고, 보이는 것이 전부이기에 의사소통이나 일하는 것이 훨씬 수월하다는 것이다. 더러는 명확하고 당당한 모습이 멋지다, 소탈하고 편안해서 동네 누나 같기도 하다는 말을 듣기도 했다. 물론 모든 후배가 다 나를 좋아하고 따랐던 것은 아니다. 하지만 적어도 나다운 나만의 리더십으로 오랜 시간 큰 탈 없이 사원들과 함께했다.

다른 사람의 옷이 아무리 멋져도 내게 꼭 맞는 나만의 옷을 입었을 때 가장 편안한 것처럼 리더십도 나만의 리더십이 가장 편하고 효과도 좋은 것 같다. 물론 후배들을 아끼고 존중하는 마음을 바탕에 두는 것은 두말할 필요도 없는 기본 중의 기본이다.

유능한 리더가
강한 팀워크를 이끈다

집단지성의 힘이라는 말이 있다. 개인적인 능력은 미미하나 여러 사람의 협력과 경쟁을 통해 능력의 범위를 넘어선 결과물을 만들어내는 경우를 말한다. 탁월한 한 사람의 전문가보다 조금 부족한 다수가 뭉쳐 더 훌륭한 결과를 만들어내는 경우는 실제로 존재한다. 따라서 당신이 리더라면 이 팀워크의 힘을 절대 간과해서는 안 된다.

스스로에 대한 자신감이 강할수록 동료와 후배들의 의견을 귀담아듣지 않고 일방적으로 따르기를 강요하기 쉽다. 이런 경우엔 성공하더라도 작업이 한 사람에게 집중됨으로 인해 발생하는 피로도와 제한적인 개인의 능력으로 인해 지속적인 성과를 거두기가 쉽지 않다.

같은 회사, 같은 조직에서 함께하는 동안은 개개인의 힘보다 더 중요한 것이 팀워크, 즉 '우리의 힘'이다. 그래서 윗자리로 올라갈수록 후배들의 능력을 끌어내어 '우리의 힘'이 발휘될 수 있도록 이끄는 것이 중요하다. 특히 관리자가 되고 리더가 되면 서로 다른 성향의 구성원들을 한 방향으로 이끌며 시너지를 만들어내야 한다.

강한 팀워크를 이끄는 것은 리더의 최고의 실력 중 하나이다. 혼자 하는 일을 잘하기는 어렵지 않다. 마음만 먹으면 얼마든지 남보다 우수한 결과물을 만들어 낼 수 있다. 그런데 팀워크는 다르다. 같은 목표를 향해 나아간다지만 구성원 개개인의 성향과 태도가 다르니 뜻을 하나로 모아 전진하기가 쉽지만은 않다.

팀워크를 통한 성과를 내려면 리더는 업무 능력뿐만 아니라 적절한 리더십을 가지고 있어야 한다. 넓은 의미로는 리더십 역시 업무 능력 중 하나이기는 하지만, 일반적인 업무 능력과는 다른 차원의 고난도 능력이라고 할 수 있다. 기업에서 정기적으로 리더들을 대상으로 리더십 교육을 하는 것만 봐도 알 수 있다. 나 또한 업무 능력 향상 방법에 대한 교육은 받아본 경험이 많지 않으나, 리더십 교육은 무수히 받아왔다. 그래도 여전히 어려운 부분이다.

새로운 지점의 지점장으로 발령이 나고 지점을 이끄는 리더급의 팀이 새로이 꾸려진 적이 있다. 우연하게도 함께할 세 명의 팀장들 역시 나와 비슷한 시기에 우리 지점으로 발령이 났다. 보통은 기존의 팀에 구성원만 바뀌거나 추가되어 새로 온 사람이 팀의 문화에 맞추어 가는 방식인데, 우리 넷은 비슷한 시기에 한꺼번에 오게 되어 업무 파악은 물론 서로에 관한 파악도 해야 하는 상황이었다.

직장에서 일만큼이나 어려운 것이 함께하는 사람들과의 관계이다. 특히 수시로 만나 큰 결정을 하고 마음을 모아야 하는 리더급 팀장들의 관계는 지점 전체를 좌지우지할 수 있을 정도로 중요한 부분이다. 함께하는 팀장들 모두가 회사를 사랑하고 최선을 다해 일한다는 공통점이 있었으나 각자의 색깔은 모두 달랐다. 영업을 담당하는 두 팀장의 경우, A팀장은 빠르게 행동하고 실천하는 역동적인 불도저 같았으며, 또 다른 B팀장은 심사숙고하고 조심스러우나 한번 시작하면 집요하게 끝을 보는 스타일이었다. 영업 지원을 담당하는 C팀장은 융통성이 넘치지만 업무보다 사람을 더 우선하는 스타일이었다.

나는 개인적으로는 쉽게 달아오르는 불도저 같은 스타일이다. 하지만 지점장이라는 직책 때문에 심사숙고하고 융통성 있게 조직을 운영하려고 의도적으로 노력했다. 그래서 세 팀장의 서로 다른 성향을 이해하고 모두를 존중했다. 그런데 이들의 가장 큰 문제는 어떤 계획을 진행할 때 타협점을 찾지 못해 최종안을 확정하지 못한다는 것이었다.

"저희가 의견을 모으지 못해 결국 각자의 안으로 세 가지 의견을 준비했습니다. 지점장님께서 직접 고르시면 따르겠습니다."

하나의 최종안을 가져오지 않은 데 대한 실망과는 별개로 나는 어떻게 하면 이 세 사람이 각자의 장점을 인정하면서 서로 조화롭게 팀워크를 창출할지 고민이 되었다. 고심 끝에 나는 우선 그들이 상대방에 대한 장점을 볼 수 있게 해야겠다고 생각했다.

그리고 그 방법 중 한 가지로, 우리가 해야 하는 업무를 영역별로 나눠서 가장 잘할 수 있는 팀장을 지정해 지점장 대행이라는 권한을 주고 전체를 이끌게 했다. 예를 들어 전년도 매출실적과 상권분석을 통해 우리 지점이 향후 나아갈 방향에 대한 계획 수립은 침착하고 심사숙고하는 B팀장에게 주고, 그 계획의 실행은 불도저 같은 A팀장에게, 계획을 진행하고 난 다음에 혹시 모를 사원들의 피로도나 대외기관과의 문제에 대해서는 지원 부문인 C팀장에게 역할을 쪼개어 주어, 각자 필요한 역량이 제대로 발휘될 수 있는 부문을 총괄하게 했다. 물론 나는 철저히 뒤로 빠져 각자의 소질과 기질이 최대한 발휘될 수 있도록 했고, 더불어 담당 리더가 일을 진행할 때 나머지 두 사람은 그 어떤 이의 제기도 하지 말고 무조건 따르라는 지시도 했다.

다행히 이런 과정들이 반복되면서 세 명의 팀장들은 점점 더 서로의 장점과 존재감을 인정하게 되었고, 더 나아가 서로에게 조언을 구하며 배움을 얻는 사이가 되었다. 그리고 마침내 내가 기대하던 탁월한 팀워크를 발휘하며 지점의 최고 전성기를 완성하고 타 지점의 모범이 되었다.

강한 팀워크를 이끌기 위해서는 리더가 고난도의 실력을 갖춰야 한다. 팀워크의 활용은 잘만 하면 개인이 하는 업무보다 훨씬 좋은 결과가 나올 수 있는 만큼, 과정이 복잡하고 어렵더라도 감수할 가치가 있다. 특히 앞서 말한 사례처럼 리더는 서로 다른 장점과 개성을 가진 구성원들이 각자가 가진 능력을 펼칠 기회를 열어줌으로써 그 역량을 보여주고, 다른 구성원들이 장점을 인정하도록 하는 방법을 통해 각자를 존중하는 분위기를 만드는 것이 중요하다.

팀워크는 공동의 목표를 위해 협력하여 성과를 이루는 것이 목표인 만큼 리더는 강압이나 윽박지름이 아닌 개인의 자발적 참여를 이끌어야 한다. 그래야 각자가 가진 양질의 재능들을 최대한 끌어낼 수 있다. 내가 과거 팀원으로서 일했던 경험을 돌아볼 때 적극적으로 참여했을 때와 그렇지 않았을 때를 비교해보면 어떤 방식으로 팀을 이끌어야 하는지에 대한 답이 나온다. 나의 의견에 대해 구성원들이 존중하는 자세로 경청해주고, 부족하더라도 칭찬해 주었을 때 참여의 의지가 높아지고 함께하는 이들과의 신뢰도 높아진다.

이외에도 강한 팀워크를 위해서는 리더가 팀원들의 의견을 정리하는 과정에서도 세심한 주의를 기울여야 한다. 최상의 결과물을 만들기 위한 안목과 큐레이팅 능력은 물론이고, 무엇보다 필요한 의견을 선별하여 재구성하게 되는 과정에 있어 의견을 제시한 팀원들의 마음이 다치지 않도록 설득하고 조정하는 능력도 중요하다. 최고의 성과를 이끄는 것은 결국 사람이기 때문이다.

도전과 포기의 경계선을 잘 파악하라

　도전이란 좋은 것이다. 도전이 없다면 성과가 나타날 수 없으니 업무를 추진하는 데 있어서도 도전은 필수 요건이다. 그러나 모든 도전이 의미 있고 좋은 것은 아니다. 아무것도 하지 않는 것보다야 뭐라도 시도하고 도전하는 것이 낫지만, 기왕 도전할 것이라면 효율성을 따져 더 큰 성과를 가져올 것에 도전해야 한다. 그리고 리더의 위치에서는 한 번의 도전이 여러 사람의 운명을 좌우할 수 있으므로 반드시 심사숙고하여 결정해야 한다.

　물론 나도 한때는 도전이 최고의 만병통치약이라고 생각했던 적이 있다. 도전 자체에 의미를 두고 새로운 일을 시작하는 데 집중했다. 그런데 조직을 이끌며 나를 믿고 따르는 후배들이 생기니 도전을 바라보는 관점도 달라졌다. 나 혼자만의 행동이면 내가 원하는 만큼 마음껏 도전해도 되지만, 리더의 자리에 오르면 그 도전에 함께하는 사람들의 노력과 열정이 헛되이 낭비되지 않도록 신중한 판단을 해야 한다.

리더는 도전의 전 과정에 대한 효율성을 따져 선별된 도전만을 진행해야 한다. 팀은 성과를 내기 위해 구성된 집단이지 행동 자체에 의미를 두고 일하는 조직이 아니다. 말이 좋아 도전 자체에 의미가 있는 것이지, 성과가 따르지 않는다면 그 과정에서의 팀원들의 노력과 열정 또한 보상받을 곳이 없다.

명장은 병사를 지는 싸움에 내보내지 않는다. 예를 들어 나에게 있는 군사는 10명인데, 도전 자체에 의미를 두어 100명의 군사를 둔 적군을 선제공격한다면 패배는 자명한 일이다. 그 길로 이끈 리더는 리더의 자격이 없다. 리더는 적군과 아군의 상황을 정확히 파악하여 가능성이 있는지를 판단하고, 가능성이 없다고 판단되면 더 실력을 쌓거나 이길 가능성이 큰 다른 적군을 찾아 먼저 공격하는 등의 합리적이고 효율적인 판단을 해야 한다.

도전이 성공은 물론 실패의 결과까지도 합리화할 수 있는 것은 아니다. 나를 따르라고 해놓곤 산 하나를 다 오르고 나니 그제야 "이 산이 아닌가벼"라고 말하는 무능력한 리더는 리더의 자격이 없다. 극단적인 예이긴 하지만, 도전이 주는 일반화된 인식에 빠질 수 있는 오류이다.

내가 담당하던 팀의 실적이 좋지 않았던 적이 있었다. 당시 옆 팀 또한 실적이 좋지 않았는데, 그 팀은 실적 부진을 타개하려 새로운 타깃의 상품 시리즈물을 출시했다. 큰 성과는 아니었으나 나름대로 의미 있는 결과를 만들어냈다. 나의 상사분께서는 나에게 그 팀을 벤

치마킹해서 같은 콘셉트의 시리즈물을 출시하라 하셨는데, 내 판단으로는 적절치 않아 보였다. 그러나 상사의 지시에 못 이겨 새로운 시리즈 상품을 출시했는데, 그 결과는 참담했다. 애당초 우리 팀에 맞지도 않은 콘셉트를 무리하게 도입한 결과, 판매실적은 더 하락하게 되었다. 게다가 그 일을 진행하느라 팀원들의 에너지가 분산되는 바람에 정작 다른 중요한 일을 진행하는 데 지장을 받는 이중고를 겪게 되었다.

팀원들에게는 "괜찮아. 도전하는 것만으로도 잘했고, 고맙다"라고 말했지만, 그것은 리더의 역할을 제대로 하지 못한 데 대한 면피용 말에 불과했다. 나는 내 상사의 부하직원이기도 하지만 나를 믿고 따르는 팀원들의 리더이기도 했다. 그 상황에서 나는 상사의 지시보다 더 나은 대안을 찾아 상사를 설득했어야 했다. 팀의 상황이 모두 다르니, 말씀하신 사항보다 먼저 나의 팀에 맞는 해결안으로 상황을 타개해보겠다고 했었어야 했다. 그 해결안을 찾기가 쉽지는 않았겠지만, 결국 내가 해야 할 몫이므로 어떻게든 그 묘수를 찾았어야 했다.

이렇듯 성과 없는 도전을 피하기 위해선 도전과 포기의 경계선을 잘 판단하는 것이 중요하다. 도전했을 때 투하되는 노력과 결과를 잘 따져보아 그만큼의 효과가 없다고 판단되면 포기하는 것이 오히려 나은 결정일 수 있다. 그런 상황에서의 포기, 그것도 빠른 포기는 팀원의 전투력 낭비를 방지하고 오히려 사기를 올려주어 이후의 다른 도전에서의 성과 창출에도 도움이 된다.

'싸워야 할지 말아야 할지를 아는 자가 이긴다

(知可以與戰 不可以與戰者勝).'

고대 중국의 병법서인 《손자병법》에 나오는 이 말은, 업무적인 영역에서의 도전에도 그대로 적용된다. 도전해야 할지 포기해야 할지를 아는 리더가 유능한 리더이다. 리더는 업무에 대한 도전과 포기의 경계선을 잘 판단하여 아까운 전력을 낭비하지 않고 한정된 자원 안에서 최대한의 결과를 도출해내는 능력이 필요하다. 이를 위해선 성공 가능성을 예측하는 정확한 판단, 그리고 도전을 결정했다면 성공의 확률을 높이기 위한 철저한 준비가 뒤따라야 한다.

문어발 촉을 가져라

유능한 리더는 모두 일을 잘한다. 그런데 일만 잘한다고 해서 유능한 리더인 것은 아니다. 업무를 수행하는 주체가 사람인만큼 팀이 최고의 성과를 내기 위해서는 업무를 수행하는 팀원들의 컨디션과 근무환경을 최상으로 끌어올려야 하는데, 이 또한 리더가 챙겨봐야 할 몫이다.

맡은 업무에 어려움을 겪는 팀원은 없는지, 협업부서의 업무적 요청이 과해서 우리 팀 본연의 업무에 지장을 주지는 않는지 등 업무적인 부분은 물론이고, 늘 밝은 팀원의 얼굴에 갑자기 그늘이 생기지는 않았는지, 챙겨야 할 경조사는 없는지 등등을 세심히 살펴 불편함이 없도록 해주어야 한다.

리더가 직접 나서서 그 일들을 모두 해결할 필요는 없다. 하지만 적어도 나의 팀원과 팀에 영향을 미칠 수 있는 것들에 대해서는 최대한 많은 것을 알고 있어야 한다. 이때 대강의 정황이 아닌 정확한 사실을 파악해야 하며, 필요하다면 사전관리도 해야 한다. 팀원에 대한 세심한 관심은 강한 팀워크를 이끌 수 있으며, 이는 결과적으로 내게도 유익한 일이다.

몇 년 전의 일이다. 내가 이끌던 팀의 막내 사원 K가 갑자기 표정이 어두워 보여 유심히 살폈다. 별다른 내색은 안 했지만 느낄 수 있었다. 이전까지의 밝은 표정이 사라지고 말수도 확연하게 줄어들었다. 업무를 하면서도 종종 신경이 딴 곳에 있는 듯이 멍한 표정을 짓기도 하고, 지점에 물량을 과하게 발주하는 등 업무적인 실수를 하기도 했다.

K의 직속 상사를 불러서 이유를 물었으나 별다른 일은 없다고 했다. 아무래도 느낌이 이상하여 직접 K를 불렀다.

"혹시 요즘 무슨 일 있어요? 일이 힘들다거나 걱정거리가 생겼다거나……."

"그……그게……, 아닙니다. 아무 일도 없습니다."

K는 머뭇거렸다. 선뜻 말하기가 쉽지 않아 보였다.

"그래요. 표정을 보니 예전 같지 않아서……. 말하고 싶지 않으면 안 해도 돼요. 혹시 내 도움이 필요하면 언제든 말해요."

나는 더는 묻지 않고, 내가 K의 상황에 관심을 가지고 있다는 것만 확인시켜 주고는 자리로 돌아가게 했다. 그런데 얼마 후 K가 나를 찾아왔다.

"저…… 부장님, 저 아무래도 회사를 그만두어야 할 거 같아요……."

K의 난데없는 말에 당황스러웠다. 무슨 일이 있을 거라는 짐작은

했지만 회사를 그만둘 정도로 심각한 일일 것이란 생각은 못 했다. 차분하게 이유를 묻자, 어머니가 대출을 무리하게 받으셨는데 갚지 못하는 상황이 생겨서 본인 또한 적극적으로 도와야 한다는 것이다. 그래서 급여가 조금 더 높은 회사로 지원을 했는데 면접을 보러 오라는 연락을 받았다고 했다.

"돈 때문에 가족들이 모두 한숨만 내쉬고 있으니 회사에 와서도 일이 손에 잡히지 않더라고요."

아버지가 안 계셔서 K도 가족의 생계를 어느 정도 책임지는 상황인데, 최근 어머니의 무리한 대출 문제로 부담이 더욱 커졌다며 울먹였다. 나는 K의 손을 꼬옥 잡았다. 어린 나이에 가족의 채무를 짊어져야 하는 그 친구의 심정이 느껴져 마음이 아팠다.

"그랬군요. 면접 가는 회사는 맘에 들어요? 다니면 행복할 것 같아요?"

"잘 모르겠어요······. 일단 돈을 많이 준다기에······."

가족 모두가 경제적으로 곤란을 겪는 상황이니 월급이 조금 더 많아진다고 해서 행복할 것 같지는 않았다. 그럼에도 만류할 수는 없었다.

"그래요. 어차피 면접을 보기로 한 거니 일단 잘하고 와요. 그리고 이직하기까진 시간이 조금 있을 것 같으니, 그 안에 충분히 생각을 해봐요."

나는 이직을 통해 얻어지는 차액으로 어머니 대출 상환에 큰 도움을 드릴 수 있는 게 아니라면 너무 조급하게 생각하지 말고 신중하게 판단하라고 조언했다.

"지금은 마음의 부담이 커서 판단력이 흐려질 수 있는 상황이니 당분간 업무를 조금 줄여줄 테니 충분히 생각을 해봐요. 알겠죠?"

"네……. 감사합니다."

K는 면접에 최종 합격했지만 다행히 우리 팀에 남아 있기로 했다. 조급한 마음에 얼마라도 월급이 오르면 나을까 싶어서 결정한 것인데 내 조언을 듣고 다시 고민해 보았다고 한다. 이직으로 인해 인상될 급여는 대출금 상환에 큰 도움이 되지 못할뿐더러, 원치 않는 그일을 하게 되었을 때 꾸준히 직장생활을 할 수 있을지도 자신이 없었다고 했다.

"부장님, 정말 감사드립니다. 근데 어떻게 아셨어요? 저 티 안 내려고 무지 노력했는데……."

"이런, 티를 안 내긴요! 얼굴에 나 고민 있어요, 나 걱정 있어요.라고 완전 크게 써 있었어요. 하하!"

감정을 완전히 포장할 수 있는 사람은 많지 않다. 대부분 자세히 관찰하면 그 심리상태가 얼굴에 드러나기 마련이다. 그것을 잘 감지했던 덕분에 K는 마음을 가다듬고 다시 업무에 매진할 수 있었고, 우리 팀 또한 흐트러짐 없이 안정적으로 업무에 임했다.

조직은 거대한 톱니바퀴의 집합체와도 같다. 얼핏 보면 큰 톱니바퀴의 힘으로 전체가 움직이는 것 같지만 자세히 보면 연결된 작은 톱니바퀴까지도 제대로 역할을 해야만 원활히 돌아간다. 리더는 이 작은 톱니바퀴의 상태까지도 잘 파악해야 한다. 혹시 작은 바퀴의 칼날에 먼지가 끼어 움직임을 방해하고 있지는 않은지, 찌그러질 위험이 있는 톱날은 없는지, 톱날 사이에 윤활유 정도는 적정한지, 가능한 모든 부분에 대한 상황을 파악하는 것이 필요하다. 리더가 일일이 나서서 찌그러진 부분을 고치고 기름을 칠 필요는 없지만, 적어도 파악은 하고 있어야 한다. 그래야 열심히 돌아가는 작은 톱니바퀴에게 애쓴다며 칭찬도 할 수 있고, 이상 징후가 나타나기 전에 관리도 가능하다.

쪼잔함과 세심함은 다르다. 시시콜콜 관여하는 쪼잔한 리더는 구성원들을 위축되게 만들지만 불편함을 살펴 업무에 집중할 수 있도록 배려하는 리더는 구성원들의 열정을 끌어올린다. 리더는 큰 줄기를 잡아 리드하는 것과 더불어 작은 일에 대한 세심한 배려도 잊지 않아야 한다. 작은 일에 대한 파악과 세심한 배려가 있어야 큰일을 할 수 있는 분위기가 형성되고, 결실 또한 맺을 수 있다.

흔들리는 갈대보다
부러지는 소나무가 되라

모시던 상사분 중에 별명이 '아무거나'인 분이 있었다. 그분과 함께하는 동안 나는 정말이지 답답해서 미치는 줄 알았다.

"부장님, 자료 언제까지 제출할까요?"

"이번 주 금요일도 좋고, 다음 주 월요일도 좋고, 아무 때나 하세요."

"부장님, 저녁 회식 장소는 어디로 잡을까요? 생각하시는 메뉴 있으세요?"

"삼겹살도 좋고, 중국집도 좋고, 아무 데나 잡으세요."

이렇듯 아주 간단한 것조차도 딱 정해주는 것이 없이 늘 '아무거나'라고 답했는데, 업무와 관련된 결정은 더 심했다.

"부장님, 이번 달 재고가 과하게 남을 것 같아 가격 인하 행사를 하려고 하는데, 1억 원의 손실이 예상되어 고민입니다. 조언 부탁드립니다."

"알아서 하세요. 재고를 남기든지 1억 손실을 보든지."

도대체 이게 무슨 말인가. 이러한 상사의 태도 때문에 결국 조직 차원에서 추진력을 가지고 해야 하는 큰 계획은 한 건도 진행하지 못했다. 작은 결정에도 애매한 모습인 사람이 큰 계획을 세우고 추진한다는 것은 불가능하다.

내색은 안 했지만 나를 비롯한 동료들은 그분을 리더의 자격이 없는 분이라고 생각했다. 아무거나, 마음대로는 누구나 할 수 있는 지시이다. 리더는 확고한 소신으로 분명한 길을 제시하고, 자신의 지시에 책임을 지는 자리이다. 이처럼 이렇다 할 의견 없이 '아무거나'인 리더만큼이나 무능한 리더가 오늘은 이 말을 하다가 내일은 저 말을 하는, '이랬다가 저랬다가 왔다 갔다'하는 리더이다.

업무를 추진하는 스타일에 따라 크게 두 가지로 나눌 수 있다. 소나무형과 갈대형이 바로 그것이다. 장점만 보자면, 소나무는 강단 있고 올곧으며 갈대는 유연하고 융통성 있다. 갈대형과 소나무형 중 어느 쪽이 더 나은지는 상황에서 따라 달라질 수 있지만, 리더로 올라갈수록 갈대보다는 소나무와 같은 면모를 가질 필요가 있다.

내가 모신 상사분들 중에도 갈대와 같은 분도, 소나무와 같은 분도 있었다. 갈대형 리더는 지위고하를 따지지 않고 의견을 많이 들었지만 그만큼 많이 흔들리기도 했다. 더 높은 상사분의 한 마디에 그동안의 진행했던 프로젝트를 갑자기 엎기도 했고, 지시했던 일들을 얼마 지나지 않아 아무렇지도 않은 듯이 번복한 적도 있다. 상황에 따라 언제든 노선은 바뀔 수 있고, 그러한 융통성 있는 태도만이 변화하는 트렌드를 맞출 수 있다는 나름의 논리를 설파하셨지만, 그분과 함께 일하는 동안 어수선하고 우왕좌왕하는 분위기로 힘들었던 기억이 선명하다.

반면 소나무형 리더는 한번 정해진 바에 대해서는 흔들림 없이 밀고 나가는 일관된 추진력이 있으셨다. 일을 진행하는 동안 생기는 상황적 변수도 큰 틀에 별다른 영향을 주지 않는 것이라면 개의치 않았고, 더 높은 상사분에게서 부는 바람도 든든하게 막아주셨다.

곁을 잘 내어주지 않으셔서 늘 어느 정도의 거리감이 느껴졌지만 업무적으로는 그분을 많이 기대고 따랐다. 적어도 자신이 지시한 것만 하면 책임도 본인이 지는 모습으로 우리의 든든한 버팀목이 되어주셨다. 그분을 보면 아프리카에 있는 수천 년 된 바오밥 나무가 떠오르기도 했다. 모진 풍파나 해충의 괴롭힘에도 내색하지 않으며 늘 한결같은 모습으로 서 있는 든든한 모습이 무척이나 닮아 있었다.

두 유형의 리더를 비교해볼 때 소나무형 리더와 일할 때 조직은 신뢰와 안정감이 컸다. 반면 갈대형 리더와 일할 때 조직은 업무에 대한 집중도가 낮고 피로감만 더욱 커졌다. 게다가 이랬다가 저랬다가 하며 변덕스럽게 바뀌는 리더의 업무지시에 리더에 대한 신뢰감까지 낮아졌다.

리더가 줏대 없이 오락가락하는 이유는 자신이 생각을 먼저 정리하지 않았기 때문이다. 판단이 잘 서지 않는 상황에서 지시하면 흔들릴 수 있다. 이게 맞는가 싶은데 또 저 말을 듣고 보니 저게 맞는 듯도 하다. 이런 리더들은 업무를 지시할 때도 분명한 표현을 피하고 모호하게 말한다.

"도대체 무슨 말을 하시는 건지 모르겠어요."

"그러게요. 이렇게 하라는 건지 저렇게 하라는 건지……."

언젠가 리더의 확실하지 않은 업무지시에 대해 그 팀의 후배들이 모여 불만을 토로하는 것을 들은 적이 있다. 팀장이 어떤 방향으로 하라고 분명하게 가르쳐주지 않으니 대충 짐작하여 과제를 해가면 그 방향이 아니니 다시 해오라고 한다는 것이다.

"이건 뭐 우리 뺑뺑이만 돌리려는 것도 아니고 왜 똑바로 얘기를 안 해 주냐고?"

"팀장님도 몰라서 그러는 거죠. 본인이 확실히 알면 왜 우리를 이렇게 뺑이치게 만들겠어요?"

맞는 말이었다. 리더 본인이 확실한 주관이나 소신이 있으면 그대로 지시하면 된다. 그런데 본인의 생각이 정비되지 않으니 갈대처럼 이리저리 흔들리며 갈팡질팡하는 것이다.

후배들은 매사에 분명한 리더를 원한다. 분명한 소신과 기준으로 확실한 방향을 정하고, 명확한 이정표를 제시하는 상사를 좋아한다. 물론 업무를 진행하다 보면 이건 틀렸다는 판단이 들 때도 있다. 이는 모호한 태도의 문제가 아닌 트렌드나 업무 전반을 파악하는 능력의 문제이니 당연히 리더가 책임져야 할 부분이다.

분명한 자세로 확실한 의사전달을 하지 않으면 팀은 표류하게 된다. 이 산으로 가려고 준비하는데 딴 팀이 저 산으로 간다고 해서 덩달아 방향을 돌리는 것도, 이 산으로 갈지 저 산으로 갈지 정해주지 않고 일단 출발부터 하라는 것도, 지도에도 없는 엉뚱한 산으로 가자고 하는 것도 모두 후배들의 에너지를 축내고 의욕을 떨어뜨리는 무책임하고 무능한 리더의 태도이다.

리더는 업무에 있어 명확한 지시와 의사를 표현해야 한다. 그래야 일사분란하고 속도감 있게 일을 추진할 수가 있다. 태도가 분명치 않은 리더는 후배들에게 무시당하기 딱 좋다. 후배들은 확실한 모습의 리더, 질문했을 때 그 자리에서 명확하게 선을 그어주고 답변을 해주는 리더, 강한 외풍도 강단 있게 막아주는 든든한 소나무와도 같은 리더를 존경하고 따른다.

위임은
내 실력의 최고봉!

H팀장은 늘 퇴근이 늦었다. 팀의 후배들보다 늘 한두 시간 늦게 퇴근하고, 가끔은 저녁 9시가 넘어서 퇴근하기도 했다. 게다가 토요일에도 당연한 듯이 출근을 하고 퇴근을 할 때는 노트북으로 일을 잔뜩 담아 갔다. 항상 일에 절어 있는 듯한 모습이 안쓰러울 정도였다.

"주말까지 나와서 일했어요?"

"어휴, 할 일이 태산이라서요. 해도 해도 끝이 없네요."

일이 많아서 야근으로도 모자라 주말까지 일한다는 H와는 달리 팀원들은 대부분 정시에 칼퇴근했다. 게다가 근무시간에도 바삐 움직이는 기색이 별로 없었다. 팀원들의 여유 있는 모습이 팀장의 바쁜 모습과는 확연히 차이가 났다.

"H팀장은 오늘도 야근인가요?"

"네. 저희 팀장님은 너무 열심히 일하시는 것 같아요. 그런 팀장님이 있으니 저희야 편하죠."

퇴근길에 H팀장과 함께 일하는 팀원들이 인사를 하기에 몇 마디

나누었다. 팀원들의 말에서 H가 모든 업무를 쌓아 놓고 혼자 처리하느라 팀원들에게는 일할 기회가 돌아가지 않고 있다는 것을 알아차릴 수 있었다.

다음날 나는 H팀장을 불러 요즘 하고 있는 일이 무엇인지를 물었다. H는 팀장이 해야 하는 관리업무부터 사원들이 해야 하는 판매자료 수집, 마케팅 초안 작성 등 그 팀에서 하는 대부분의 일을 혼자 도맡아 하고 있었다.

"그 많은 걸 혼자 어떻게 다 해요? 그리고 판매자료 수집, 마케팅 초안 작성 등은 사원들의 일이 아닌가요? 후배들에게 업무를 나눠 주고 H팀장은 팀장다운 일에 집중하시죠."

"애들이 일을 잘 못 합니다. 한두 번 시켜봤는데 도통 제 마음에 안 들어서 그냥 제가 하는 것이 더 편해요. 저 전혀 힘들지 않아요."

H의 업무가 과다한 것도 문제이지만 더 큰 문제는 팀원들이 팀장인 H 때문에 피해를 보고 있다는 사실이었다. 본인이 직접 해야 직성이 풀리고 마음이 편하다는 팀장의 행동은 그렇다 치더라도, 일할 기회가 없어 일을 배우지 못하면 팀원 개인으로도 기회를 잃는 것이다. 게다가 회사 차원에서도 자원을 활용하지 못하고 낭비하게 되는 등 여러모로 좋지 않은 상황이었다.

나는 H가 위임하지 못하고 일을 움켜쥐는 습관을 개선하기 위해 현재 그가 하는 업무를 모두 적고, 각각의 업무별로 실행주기와 난이도를 적어 오라고 지시했다. 그리고 다음 단계로, "이 중에서 H팀장님이 직접 안 하면 안 되는 일을 5가지만 고르세요"라고 했다. 그러자 H는 보고서에 적힌 일 전부를 자신이 직접 해야 한다며 난색을 표했다.

"그건 착각이에요. 팀원들 모두 우수한 친구들이라 H팀장님보다 잘할 수 있는 일도 많아요. 업무지시이니 무조건하세요."

내가 강경한 태도를 보이니 H는 울며 겨자 먹기로 겨우 5가지를 정했다. 그리고 남은 일들은 팀원들에게 적절히 분배하기로 했다. 나는 일을 나누어 주며 팀원 모두와 미팅을 했다. H팀장보다는 그로 인해 다른 사원들의 정상적인 개발이 저해된다는 것이 더 마음에 쓰였기에 미리 당부할 필요가 있었다.

"이제부터 업무분장을 새롭게 할 테니, 각자 맡은 일을 잘 해내었으면 좋겠어요. 팀장님께 일하는 방식을 여쭈어볼 수는 있어도 일의 전 과정의 주체는 자기 자신이라고 생각하고 임해 주세요."

회사에서는 각 자리와 시기별로 반드시 해야 할 일이 있다. 직급마다 익혀야 하는 업무 수준이 있기 때문이다. 그 과정을 거치지 않으면 잠깐은 몸이 편할 수 있어도 결국엔 경쟁력이 떨어져 다음 단계로 나가는데 마이너스가 된다.

그렇게 H가 맡고 있던 일의 상당 부분을 팀원들에게 위임하고 진행하는 과정에서 초기에는 일대 혼란이 일어났다. 일을 처음 해본 팀원들도 우왕좌왕하고, H 또한 혹시나 팀원들이 일을 제대로 하지 못할까 봐 노심초사하며 나를 수시로 찾아왔다. 불안한 마음에 다시 자신이 그 일을 하면 안 되겠느냐고 물었지만 나는 대꾸도 하지 않았다.

그렇게 몇 주가 지나자 H의 팀은 마침내 안정을 찾았다. H팀장은 본인이 아니어도 일이 돌아가고 있음에 점차 안심하며, 팀장 본연의 임부에 더욱 충실하게 되었다. 그리고 팀원들은 회사에 출근해서 자신도 무엇인가 하고 간다는 생각에 뿌듯해 했다. 그 팀의 실적이 날로 향상되었음은 두말할 나위가 없다.

이 일 저 일 모두 움켜쥐고 자신이 직접 하려는 리더는 본인도 힘들고 피곤할뿐더러 함께 하는 후배들도 제때 성장하지 못해 피해를 보게 된다. 유능한 리더는 청출어람을 소임으로 여기며 위임을 통해 후배의 실력을 키워주는 것에도 정성을 기울인다.

위임이란 나의 일을 다른 사람에게, 특히 후배에게 넘기는 것을 말한다. 하기 싫어서 떠넘기는 전가와는 차원이 다르다. 상사가 될수록 업무의 폭이 넓어지고 많아지기에 주어진 모든 일을 혼자서 처리하기가 어렵다. 이때 후배에게 업무를 적절히 위임함으로써 업무의 효율을 높이고 후배의 실력을 키워 회사의 인적 자원이 유용하게 활용되도록 도와야 한다.

상사 중에는 의외로 적절한 위임을 하지 못하는 경우가 많은데, 그 이유는 크게 두 가지이다. 첫째는 내가 이 일을 가장 잘할 수 있고, 남들은 나만큼 잘하지 못한다고 생각해서이다. 그런데 이는 틀린 생각이다. 일도 훈련이 되면 얼마든지 잘할 수 있다. 후배가 당장은 내가 하는 수준만큼 잘하지 못할 수도 있지만 일을 맡아서 하다 보면 실력도 늘고 어느 순간부턴 나보다 더 잘하게 되기도 한다. 기회가 없어서 실력을 쌓지 못했을 뿐, 기회를 준다면 충분히 잘할 수 있다. 그리고 그 기회는 선배인 내가 만들어주면 된다. 후배의 실수가 염려되겠지만, 처음엔 당연히 실수할 수 있다는 것을 받아들이고 최대한 빨리 일에 적응할 수 있도록 도우면 된다. 그 과정이 다소 번거로울 수는 있겠으나 결국엔 잘 교육된 후배는 시간이 지날수록 내게 더없이 든든한 조력자가 되어줄 것이다.

처음부터 잘하는 사람은 아무도 없다. 숱한 훈련의 과정을 거쳐서 지금의 내가 만들어진 것인 만큼, 후배들에게 기회를 주어 양성한다면 나보다 못할 이유가 없다. 오히려 내가 하는 것이 다른 사람이나 후배가 하는 것보다 결과물이 안 좋을 수도 있다는 것을 받아들이고 합리적이고 효율적인 업무 진행을 위해 적절한 위임은 꼭 필요하다.

위임을 꺼리는 두 번째 이유는, 그 일을 위임받은 사람이 나보다 더 잘하여 내 자리를 위협할 수도 있다는 불안감 때문이다. 나의 능력에 자신이 있으면 과감히 위임할 수 있다. 반면 나보다 잘하는 사람이 생기면 내 자리가 없어지지 않을까 불안한 사람은 어떻게든 일을 쥐고 있으려고 한다.

꼰대들이 하는 말 중에 '내 밥그릇 챙기는 일'이라는 표현이 있다. 내가 내 자리를 유지하고 있으려면 거기에 상응하는 적절한 수준의 '일'이 있어야 하고, 그것이 없어지는 순간 내 자리도 위태로워질 수 있다는 의미이다. 이해는 가나, 이것이 지나치면 오히려 나의 발전과 성장을 가로막고 구속하는 아킬레스건이 될 수도 있다.

나 자신은 물론이고 후배나 회사를 위해서도 이런 자세는 옳지 못하다. 회사는 내 자리를 보전하기 위해서 있는 곳이 아니다. 만에 하나 내 자리를 보전하는 것이 목적이면 그 자리에 있을 자격이 없다. 주어진 상황에서 개인의 사욕을 생각하지 않고 대의를 생각하여 조직의 발전에 도움을 주도록 노력하는 것이 구성원의 역할이기 때문이다. 그러한 이유로 위임은 내 실력의 최고봉이다. 위임은 내 실력에 충분히 자신 있고 당당할 뿐 아니라, 함께하는 후배를 생각하고 양성해야 하겠다는 마음이 있을 때 가능하기 때문이다.

열정페이 같은 소리
하지 마라

대학 4학년 여름방학 때 연예인 스타일리스트를 하는 선배 언니의 일을 도운 적이 있다. 화보 촬영을 하는 3일간만 핼퍼 역할을 해달라는 부탁을 받았는데, 일을 배우고 싶기도 했고 거절하기도 힘든 사이라 그러겠노라고 했다. 그런데 일을 도우던 3일 내내 선풍기도 없는 촬영장 뒷공간에서 갖은 고생을 했던 기억이 아직도 생생하다. 나의 작은 키에 맞춰주느라 허리를 구부리는 모델들의 짜증도 불편했고, 점심도 못 먹고 떨리는 팔로 옷 정리를 하는 것도 힘겨웠다. 일이 모두 끝난 늦은 저녁, 선배가 사준 비빔밥 한 그릇이 하루의 유일한 식사이자 내 수고와 시간의 대가였으나 큰 불만은 없었다. 새로운 일을 경험한 것으로 만족했다.

얼마 후 그 선배가 또 같은 도움을 요청했다. 이미 그때의 경험으로 충분하다고 생각하던 터라, 나도 모르게 "네?"라며 다소 황당하다는 듯이 되물었다. 선배는 그런 내 마음을 눈치챘는지 조금이지만 아르바이트비를 주겠다며, 꼭 도와달라 부탁을 했다. 결국 거절을 못하고 또다시 며칠 동안 땀을 빼며 고생을 하였는데, 선배에게 받은 것이라고는 매일 저녁 일을 마친 후 먹는 백반과 마지막 날의 삼겹살이 전부였다. 조금이지만 챙겨주겠다던 아르바이트 비용은 말도 꺼내지 않았다. 약속한 돈을 받지 못했다는 서운함보다는 나의 시간과 수고를 함부로 여긴다는 느낌에 무척이나 기분이 나빴다. 그래서 그 날 이후로 나는 그 선배와 거리를 두었다.

그때의 경험 덕분에 나는 직장생활을 하는 동안 밥 잘 사주는 언니, 술 잘 사주는 누나로 불리었다. 나와 함께 근무한 사원 중에는 키티 캐릭터가 그려진 나의 체크카드를 기억하는 사람이 많다. 나는 후배들이 규정된 시간과 업무를 넘어 회사 일에 시간을 들이고 수고를 하면 사비를 털어서라도 최대한 내 마음을 표현하려고 노력했다. 회사 조직이기에 그 보답을 금전적인 보상으로 할 수 없어, 수시로 밥도 사고 술도 사면서 기운을 북돋고 종종 선물도 해주었다. 후배들은 처음에는 마다했으나 익숙해지자 장난스럽게 "선배님 싸랑합니다!"를 외치기도 했다.

나는 후배들의 선물을 고를 때 각자가 좋아할 만한 것이나 필요한 것을 고민하여 결정하는 편이다. 내가 중간관리자였던 시절, 퇴근 후 후배 직원들과 술 한 잔을 즐기는 상사를 모신 적이 있었는데, 그분은 "애쓴다, 고맙다. 고마우니 내 술 한잔 받아라"라며 늘 술을 주셨다. 처음 한두 잔이야 감사한 마음으로 받았지만, 술자리가 끝날 때까지 거듭 그런 식으로 술을 주시는 것을 보며, 정말 후배들의 수고에 대한 감사의 뜻인지 의문이 들기도 했다. 설령 감사의 뜻이라 하더라도 상대가 그것을 만족해 하는지 불편해 하는지에 대한 고려 없이 자신의 기준으로 표현하는 것은 옳지 않다는 생각이었다.

그때 이후로 나는 후배들에게 작은 감사의 선물을 줄 때도 내 마음에 드는 선물을 하기보다는 상대방을 위한 것이 무엇인지를 생각했고, 그 또한 자신이 없으면 현금처럼 사용 가능한 쿠폰 등을 주기도 했다.

내가 업무 시간 외에 활용되는 후배들의 열정에 보답하는 것은 감사한 마음 때문이기도 하지만, 더 큰 이유는 내가 직장상사라고 해서 그들의 시간과 수고를 활용할 권한을 가진 것은 아니라는 생각 때문이다. 물론 정규 근무 외의 근무는 초과 근로수당이 지급되기는 하지만 그것과는 별개로, 후배들이 자발적으로 자신의 시간과 수고를 초과근무에 활용하는 것이 아니라면 감사한 마음을 갖는 것은 당연하다. 그리고 상사로서 조금이나마 그들의 열정에 보상하는 것도 바람직한 태도라 생각한다.

물론 나는 가능한 규정된 시간과 업무를 넘어서까지 후배들에게 열정을 부탁하지 않으려 노력한다. 그러나 피치 못하게 도움을 받아야 할 때도 있다. 그럴 때 감사하게도 나와 오래 돈독한 관계를 맺고 있는 후배들은 나의 부탁을 거절하는 일이 거의 없다. 그것이 밥이나 술, 정성 어린 선물과 같은 나의 보상 때문은 결코 아니다. 그저 사비를 털어서까지 그들의 열정에 작으나마 보답하려는 상사의 진심을 알아줘서 일 것이다.

실력을 쌓고 성과를 만들려면 너의 열정을 최대한 짜내야 한다며, 후배들에게 막무가내로 열정을 강요해서는 안 된다. 그들이 기꺼이 시간과 수고를 들여 열정을 뿜어낼 수 있도록 그에 상응한 보상을 해 주어야 한다. 대학 시절에 그 선배가 나에게 제대로 된 고마움의 표현과 더불어 정당한 아르바이트 비용을 쳐주었더라면 어쩌면 나는 그 일에 더 흥미를 느껴 유명 스타일리스트가 되었을지도 모른다. 술자리를 즐기는 상사가 내게 감사의 표현을 술이 아닌 그에 상응한 업무적 보상과 칭찬으로 해줬더라면 나는 더 신이 나서 업무에 몰두하고 성과를 만들기 위해 고군분투했을 것이다.

시간과 수고에 대한 정당한 보상은 단순히 물질에만 머물지 않는다. 그것은 그들의 노력과 능력에 대한 인정이며 감사이다. 인정과 감사는 후배를 신명 나게 하고, 그 신명은 성과로 연결되며, 성과는 후배를 자라게 한다. 리더들이 후배들의 열정페이를 묵인하면 안 되는 이유이다.

아무도
깨트릴 수 없는
나만의 방탄 멘탈

아무도 깨트릴 수 없는
나만의 방탄 멘탈
이제 그런 말을 듣는다.
"바이러스도 피해 갈 사람"
"적진에 들어가도 살아나올 사람"
누군가 당신을 공격한다면,
그건 당신이 제대로 가고 있다는 뜻이다.
그럴 땐 나만의 멘탈 갑옷을 입자.
비열한 공격으로부터 나를 지키고,
치졸한 질투를 떨쳐내면서
아무도 깨트릴 수 없는
'나'를 완성하기 위해.

네가 뭔데 날 울려?

"아무것도 아닌, 내 스타일이 아닌 사람들 때문에 상처받지 마라!"

친하게 지내던 동료 P의 SNS에 적혀 있던 글귀이다. P는 몇 년 전회사를 옮긴 후 한동안 연락이 끊어졌고, 가끔 SNS를 통해 소식을 접하고 있었다. 그날 P의 SNS엔 그의 심경을 나타내는 글이 이어져 있었다.

"어떤 것이 나를 위하고 사랑하는 길인가. 아무것도 아닌 사람의 말 한마디에 상처받고 영향받아 나를 그르치는 길? 나와 상관없는, 아무것도 아닌 사람의 말을 그냥 흘려보내고 나를 위해 더 열심히 살고 노력하는 길? 둘 중 어떤 길을 선택해야 먼 미래에 후회가 없을까?"

너무나 공감되는 글이라 읽자마자 '좋아요'를 눌렀다. P는 마음이 여리고 착한 사람이었다. 그런 그의 심성 때문에 선후배들에게 간혹 무시를 당하기도 했는데, 그때마다 나는 마음이 아팠다. P가 직장을 옮겼을 때도 내심 걱정이 되었다. 강한 사람에겐 약하게, 약한 사람에겐 강하게 하는 고약한 사람들 틈에서 여리고 착한 그가 또다시 상처받지나 않을까 염려됐다.

P의 SNS에 적힌 글을 읽으며, 무슨 안 좋은 일이 있었던 것인가 싶어 마음이 쓰였다. 그러나 한편으론 P가 자신에게 용기를 주어 가며 마음을 다스리려 노력하는 모습에 안심도 되고, 응원도 하고 싶었다.

나에게 중요한 존재가 아닌 사람들로 인해 내가 상처받을 이유가 전혀 없다. 누구도 나를 상처 낼 수 없으며, 내게 아무것도 아닌 그 사람들이 나를 상처 내도록 내버려 두는 것은 나 자신에게도 미안한 일이다. 그래서 우리는 자신만의 방식으로 건강하고 당당하게, 그들의 무례함을 응징해야 한다.

구인 구직 매칭 플랫폼 사람인이 2019년에 직장인을 대상으로 한 설문조사의 결과에 따르면 직장인 10명 중 8명은 사내 인간관계에 따른 스트레스로 퇴사를 고민하고 있다고 한다. 그리고 퇴사를 고민하는 응답자들이 갈등의 해결을 위해 택한 방법은 '가급적 갈등이 생기지 않도록 피한다', '혼자 속으로만 참는다', '이직이나 퇴사를 준비한다'와 같이 피하는 것이었다. 맞서 봤자 더 큰 스트레스로 돌아온다는 것을 잘 알기 때문이다.

2020년에 실시한 또 다른 설문조사에서는 직장인 10명 중 4명이 회사에서 자발적 '아싸(아웃사이더)'의 삶을 사는 것으로 나타났다. 그 이유로 '인간관계에 지쳐서'를 꼽은 사람이 34.5%(복수 응답)에 달했다. 이들은 이러한 아싸의 삶을 선택함으로 인해 중요한 정보 등을 공유받지 못하고(56.6%, 복수 응답) 동료들로부터 은근한 따돌림을 받지만(38.1%) 그럼에도 불구하고, 앞으로도 계속 자발적인 아싸 생활을 하겠다는 사람이 대다수(90.3%)였다.

당당하고 대범해 보이지만 나 역시 직장생활을 하며 인간관계 때문에 마음고생을 많이 했다. 그리고 그 끝에서 찾은 답은, 나와 맞지 않는 사람들 틈에 억지로 나를 밀어 넣을 필요는 없다는 것이었다. 어차피 모든 사람과 사이좋게 지낼 수는 없는 일이다. 인간관계로 속 앓이를 하는 인싸가 되느니 오히려 스스로 아싸가 되어서라도 내 마음을 돌보는 것이 중요하다.

지점장이 된 지 얼마 되지 않아 내가 담당하던 지점이 고객 평가 부문에서 최우수상을 수상하고 매출실적의 향상으로 반기 우수 지점으로 선정됐다. 며칠 뒤 지점장들의 회식 자리가 있었는데, 그 자리에서 L 지점장이 느닷없이 내게 말했다.

"싸가지 없는 년!"

살면서 한 번도 들어보지 못한 모욕적인 욕이라 너무나 충격이었다. 그런데 더 충격인 것은 그 욕을 회사 동료에게 들었다는 것이다. 순간, 심장이 떨리고 정신이 아득해졌다. 그야말로 멘붕이 온 것이다.

"네? 제가요? 혹시 제가 무엇을 잘못했나요?"

충격이 크다고 마냥 감정적으로 대응할 수도 없었다. 더군다나 나보다 연배가 한참 위인 분이라 혹시 내가 실수를 한 것이 있나 싶어서 물었다. 그런데 되돌아온 말은 더 충격이었다.

"선배 밟고 올라가려는 싸가지 없는 년!"

그날 이후로 나는 몇 달을 상처와 고통 속에서 헤어나질 못했다. 도대체 내가 뭘 잘못했기에 그런 심한 말까지 하는 것인지, 문제를 내 안에서 찾느라 온종일 내가 나를 괴롭혔다. 그리고 무엇보다 사람이 무서웠다. 설령 내가 뭔가를 잘못했더라도 사람이 사람에게 그렇게까지 잔혹할 수는 없다는 생각이 들었다. 마음의 상처가 멘탈의 붕괴로 이어졌고, 이러다가 죽을 수도 있겠단 두려움이 밀려오니 결국 퇴사까지 결심하게 됐다. 그런데 그 순간, 내 마음속 저 깊은 곳에서 전혀 다른 생각이 박차고 올라왔다.

'나는 그들에게 잘못한 것이 없다. 나의 노력을 삐뚤어진 잣대로 평가하는, 그들이 잘못이다!'

그랬다. 이 일은 내 문제가 아니었다. 나는 그저 내게 주어진 일을, 회사가 나를 믿고 맡겨준 일을 최선을 다해 열심히 한 것이다. 그 결과로 남들보다 우수한 성과를 내서 상도 받고 평가 점수도 좋은 것인데, 그걸 두고 선배 지점장들 제치고 빨리 승진하려는 불순한(?) 의도가 있는 것처럼 해석한다면 그것은 그들의 시선과 사고방식이 문제인 것이다.

내가 아무리 행동을 조심한다고 해도 그들의 사고방식과 시선까지 바꿀 수는 없고, 그럴 필요도 없다. 나는 내 위치에서 내 일을 열심히 한 것이고, 그로인해 좋은 평가를 받은 것이니, 그것이 부럽고 샘이 난다면 본인도 그만한 노력을 하면 될 일이다.

'부러우면 너도 잘 나가! 네가 뭔데 나를 울려!'

생각을 달리하자 숨이 쉬어지고 마음이 편해지면서, 그제야 살 것 같았다. 아마도 상처받은 나를 보다 못한 또 다른 내가 나를 위로하고 힘을 주려고 생각의 변화를 이끈 듯했다.

내 마음이 단단해지자 나는 어느 순간부터는 그들의 비아냥을 웃는 얼굴로 천연덕스럽게 맞받아치기 시작했다. 지점장 시절에 상반기의 중요한 시상을 모두 휩쓸고, 하반기가 시작되자마자 영업 우수상까지 수상한 적이 있다. 상을 받고 무대에서 소감을 발표한 뒤에 회의장을 빠져나오는데 선배 한 명이 내게 말했다.

"정 지점장, 올해 운이 엄청 좋네. 지점장 한 지 얼마 되지도 않았으면서 좋은 상은 다 휩쓰는 거 보면 이건 실력이 아니야. 그냥 운이야 운!"

나는 웃으면서 말했다.

"운도 실력이에요."

몇 년 전, 내가 지점장으로 있던 지점에서 반기 영업 회의가 열렸을 때의 일이다. 나는 내가 호스트인 만큼 잘 대접하고 싶어, 애 많이 쓰셨다는 내용의 현수막과 함께 케이터링 수준의 간식도 차려놓는 등 그야말로 성심성의껏 회의 준비를 하고 대접했다.

회의가 끝난 후에 한 동료가 말했다.

"뭘 회의 하나 하는 것 가지고 이렇게 유난을 떨어? 괜한 것에 힘 빼지 마."

평소에도 내가 하는 일에 수시로 토를 달며 비아냥거리던 동료였다.

"힘? 이런 거 할 때 자기는 힘드나 봐? 난 이런 거 껌인데."

상대의 수준에 맞춰 적당히 대답해주니 더는 말을 잇지 못하고 알아서 내 앞에서 사라져주었다.

물론 모든 사람의 말에 예민하게 반응할 필요는 없다. 그러다간 괜히 쌈닭이라는 소리나 듣게 되고, 내 마음만 지옥이 된다. 대신 대놓고 비아냥이나 거친 말로 내게 반감을 표현하는 사람에겐 당당하게 맞받아치며 매운맛을 보여줄 필요가 있다. 곱지 않게 오는 말에까지 굳이 고운 말을 보내러 애쓰시 않아도 된다. 선배든 동료든 후배든, 내가 '납득할 수 없는 상황에서, 납득할 수 없는 이유로' 나를 조롱하거나 비아냥거리는 사람은 배려나 포용의 대상이 아니다. 그래도 선배의 경우는 너무 무례한 것이 아니냐고 할 수도 있었겠지만, 내 생각은 다르다. 선배는 선배답게, 후배가 잘되는 것을 진심으로 축하해 주고 격려해 줄 때만 선배이다. 후배가 잘나간다고 해서 뒤에서 씹어대고 앞에서 쌀쌀맞게 대하는 것은 선배다운 행동이 아니다.

나를 상처 내려는 사람들에겐 당당하게 보여줘야 한다. 아무도 나를 상처 낼 수 없다는 것을! 미움받을 용기만 있으면 무례한 사람들에게서 당당하게 나의 마음을 지킬 수 있다. 모두에게 좋은 사람이 될 필요는 없다. 나를 알아주는 소중한 사람들에게만 좋은 사람이면 된다. 그리고 무엇보다 나 자신에게 좋은 사람이어야 한다.

100점짜리 관계는 없다

가까이하기엔 너무 먼 당신들만 모인 곳이 있다. 바로 직장이다. 아무리 나와 잘 맞는 사람이라고 해도 일과 성과가 얽힌 탓에 직장 동료는 학창시절의 절친처럼 마냥 좋은 사이일 수 없다. 게다가 어딜 가도 나를 싫어하는 사람, 내가 싫어하는 사람은 꼭 있다. 그래서 고슴도치처럼 뾰족한 가시로 상대를 밀어낼 이유도 없고, 그렇다고 해서 내 속을 다 내보이며 상대를 껴안을 필요도 없다. 해치지도 다치지도 않을 정도의 적당한 거리를 유지하며 반갑게 인사를 나눌 정도면 족하다.

리더급 관리자로 일하게 되면서 나의 주변엔 온통 남자들뿐이었다. 한참 어린 후배나 내가 챙겨야 하는 사원 중엔 여자도 꽤 많았지만 나와 비슷한 일을 하며 공감대를 형성하고 고민을 나눌 수 있는 여자 동료는 거의 없었다.

나는 원래 낯을 많이 가리는 성격이다. 누가 나에게 먼저 다가와 말을 걸기 전에는 내가 먼저 다가가는 것은 어색해하고, 굳이 그럴 필요도 없다고 생각했다. 그런데 남자들 사이에서 유일한 여자로 생활하는 시간이 길어지면서, 그런 성격으로는 조직 분위기에 자연스럽게 융화되기 힘들다는 것을 깨달았다. 자칫 외톨이가 될 수도 있겠다는 생각이 들어 언젠가부터 적극적으로 다가가는 노력을 했다. 선배들에게는 밝은 얼굴로 인사하고 동년배와는 식사자리도 먼저 제안하면서 관계를 만들어가려 최선을 다했다.

그런 노력 끝에 제법 가까워진 팀장이 있었다. 나이도 비슷하고 하는 일도 유사해 공통점이 있었다. 가끔은 함께 차도 마시면서 업무적으로 궁금한 일도 물어보고 하다 보니 어느새 직장에서 느끼는 고민을 공유하는 관계가 되었다. 업무적인 고민이나 상사나 후배에 대한 고민 등을 주고받으며 조언도 하고 격려도 하는, 늘 고마운 동료라고 생각하고 있었다.

그런데 언제부터인가 아무에게도 말하지 않고, 유일하게 그 팀장에게만 말한 고민을 사람들이 알고 있었다. 그리 가깝지 않은 동료가 당시 내가 하고 있던 고민을 아는 척하며, 잘 해결되고 있는지를 물었다.

"그걸 어떻게 알았어요? 난 그 얘긴 딱 한 사람한테만 말했는데."

"그게……, 그러니까……."

동료는 한참을 망설이다가 그 팀장에게 들었음을 고백했다. 그뿐만 아니었다. 그동안 내가 그 팀장에게 했던 얘기들도 대부분 다 알고 있었다.

그랬었다. 내게는 비밀을 지켜준다고 약속해놓곤 동료들에게 내가 한 얘기를 했고, 어떤 날은 아침에 내 얘기를 듣고 저녁에 다른 동료들에게 그것을 옮긴 적도 있었다. 서운했지만 내 탓이라는 생각이 들었다. 모든 것을 품을 관계가 아니라면 결국 다치지 않을 정도의 적당한 거리를 유지해야 했다.

직장인들은 누구나 인간관계에 대해 고민한다. 그런데 나의 경험 상, 여자들은 더 많이 고민하는 것 같다. 여자들과 생활하는 조직이 아닌 남성 중심의 조직에서, 직급이 높아질수록 고민은 더 커진다. 회사의 책임자급 관리자가 되면 사내뿐만 아니라 대외적인 관계 확대도 중요한데, 이 상황에서의 파트너들 또한 대부분 남자라 갑자기 관계를 형성하기는 쉽지 않다.

그렇다면 나를 상처 주지 않으면서도 타인과도 좋은 관계를 유지할 방법은 없을까? 나는 다음의 세 가지만 지켜도 충분하다고 생각한다.

첫째, 기본은 하자.

인간관계의 기본은 인사와 상대방에 대한 배려이다. 인사만 잘해도 50점은 기본으로 얻을 수 있고, 내가 대함을 받고자 하는 만큼 타인을 대하면 무리 없이 관계를 맺을 수 있다. 오래전 바라던 직책을 새로 맡게 되었다며 인간관계에 관한 조언을 구하러 온 후배는 선후배 가릴 것 없이 만나는 사람 앞에서 목이 뻣뻣해지고 남들이 떠받들어 주기만을 바라는 이였다. 새로운 일을 시작하기에 앞서 심기일전하여 잘해보려는 마음이 기특하여 느낀 그대로 조언했다. "인사 잘하고, 본인이 대함을 받고 싶은 대로 상대를 대해주면 돼요!"

둘째, 너무 애쓰지 마라.

사람과 사람의 관계는 억지로 만들어지는 것이 아니기에 오랜 시간을 두고 서서히 만들어 가야 한다. 게다가 혼자 노력한다고 해서 해결할 수 있는 것도 아니고 정답이 있는 것도 아니기에 그저 내가 할 바를 다 하면서 자연스럽게 관계가 형성되길 기다리면 된다. 양은 냄비처럼 급히 끓어오르는 무리한 관계 형성은 오히려 나에게 독이 될 수 있기에 묵은 된장처럼 시간의 힘을 담아야 한다.

셋째, 잔신경은 끄자.

나를 둘러싼 주위의 반응에 일일이 신경을 쓰며 반응할 필요는 없다. 특히 부정적인 반응은 내가 원인 제공을 했거나 잘못한 일이 아니라면 과감히 신경을 꺼버리는 것도 좋은 방법이다. 내가 고민할 대상을 스스로 걸러내지 못하면 몸도 마음도 힘들고 피곤하다. 불필요한 것에 나의 감정을 소비해서 안 된다. 내 감정은 억만금보다 더 소중하니 내가 담을 수 있는 용량 밖의 사소한 일들은 과감하게 삭제하는 것이다.

모든 사람을 좋아할 수 없는 것처럼 나 또한 모두에게 좋은 사람일 수 없다. 나와 잘 맞는 좋은 관계의 사람이 있듯이 맞지 않는 안 좋은 관계의 사람도 있기 마련이다. 그러니 군이 100점짜리 사람이 되고, 100점짜리 관계가 되려고 애쓸 필요가 없다. 누군가는 나를 싫어할 수 있다는 것을 받아들이면 인간관계는 의외로 편해진다.

치마 입어서 될 일이면
얼른 치마부터 입으세요!

"여자인데 할 수 있겠어요?"

서류전형에 합격한 후 면접시험에서 면접관이 여성 지원자에게 흔히 하는 질문 중 하나이다. "결혼하거나 아이를 낳으면 회사를 그만둘 생각이냐?"라고 에둘러 묻기도 하지만, 결국엔 같은 의미의 질문이다.

지난 2018년, 취업포털 인크루트가 여성 청년 구직자 593명을 대상으로 실시한 설문조사에서 응답자의 93%가 '여성의 취업 장벽이 더 높다'라고 답했다. 게다가 실제 구직활동을 하면서 여성으로서 불이익을 받았던 경험이 있는지를 물으니 무려 72%의 응답자가 '불이익을 받은 경험이 있었다'라고 답했다. 심지어는 본인의 조건이 더 좋음에도, 남성 지원자와의 경쟁에서 번번이 고배를 마셨다는 대답도 있었다.

설문조사의 결과에서도 알 수 있듯이 아직 우리 사회는 취업의 관문에서조차 성차별이 존재한다. 어렵사리 입사한 이후에도 여성들은

'남성에 비해 전문성이 떨어진다'는 편견에 시달려야 한다. 게다가 이러한 편견은 고위직이라고 해서 별다르지도 않았다. 지점장, 팀장, 임원과 같은 조직의 리더는 당연히 남자일 것이라는 선입견을 비롯해 당당하게 실력으로 쟁취했음에도 단지 여자라는 이유로 운이 좋았거나 회사의 큰 배려가 있었을 것이라 오해한다.

나 또한 마찬가지였다. 나는 분명 나의 능력과 노력으로 그 자리에 올랐음에도 나를 인정하지 않거나 색안경을 쓰고 보는 경우가 많았다. 독립적 존재로, 주어진 임무를 완벽히 소화할 수 있음에도 불구하고 나는 1이 아닌, 0.7이나 0.8 수준의 존재로 인식되었다. 단지 여사라는 이유로 말이다.

매년 승진 시기가 되면 승진 결과를 두고 많은 말들이 오간다. 누구는 승진했고, 누구는 왜 고배를 마셨는지 등등의 나름의 분석까지 오간다. 덕분에 본인이 승진 대상자가 아니어도 관전하는 재미가 쏠쏠하다. 그만큼 승진은 직장인에게 있어서의 초유의 관심사 중 하나이다. 그런데 관심이야 그렇다 쳐도, 유독 여성 승진자들에 대한 비아냥이나 뒷말은 듣기가 불편하다.

언제부턴가 사내에 여성들의 승진이 눈에 띄게 두드러졌다. 여성 인력의 수가 객관적으로 많아진 덕분이기도 하지만, 여성들이 책임감 있고 당차게 본인의 일을 잘 처리하니 어찌 보면 당연한 결과이기도 했다.

한참 선배인 나의 입장에서는 남녀를 가리지 않고 동등한 기회를 주는 회사에 감사한 마음이 들었다. 게다가 직원들도 여자 선배들의 승진을 보며 동기부여를 받고 더 열심히 일하는 분위기가 만들어지니 회사의 입장에서도 긍정적이고 선순환적인 결과였다.

몇 년 전의 일이다. 그 해는 좀 더 특별하게, 비교적 낮은 직급부터 높은 직급까지 여성들의 승진이 눈에 띄었다. 물론 절대적인 숫자로 보면 남성들에 비해 훨씬 적었고, 여느 해와 비교해도 불과 몇 명 정도 많아진 것에 불과했다. 그런데 어이없게도, 기껏 몇 명 더 자리를 내어 준 것으로 그해 남성 직원들 사이에선 여성 직원의 승진이 남자들에 대한 역차별이라는 말까지 나돌았다.

오랜 차별을 깨부수며 이제 겨우, 아주 조금 '공정'을 향해 나아갔을 뿐인데도 그들은 '역차별'을 운운했다. 남자들이 승진을 많이 하면 그것은 당연한 일이고, 여자들이 승진을 좀 더 하면 역차별이라고 느끼는 것은, 내면에 이미 여자보다 남자가 우월하다는 잘못된 의식이 깔려 있음을 증명하는 것이라는 생각이 들었다.

"우리도 치마 입자. 내년에는 치마 입고 면접 봐야겠어!"

좁은 엘리베이터 안에서 너나없이 승진 결과에 관한 이야기를 했는데, 누군가 함께 탄 남자 동료에게 이 같은 말을 했다. 순간, 나는 피식 코웃음이 터져 나왔다. 그게 능력도 없이 치마만 입는다고 될 일인가!

"치마 입어서 될 일이면 얼른 치마부터 입으세요."

참다못해 튀어나온 내 말에 여기저기서 여성의 웃음소리가 들려왔다. 그리곤 불편한 기색이 역력한 남성의 낮은 헛기침 소리도 간간이 들려왔다. 그러거나 말거나! 나는 이미 아홉을 가지고도 마저 다 가지지 못한 하나에 울분을 토하는 그들의 마음에 결코 공감할 수 없다.

피할 수 없으면
즐기는 척이라도 하자

지점의 지점장들이 함께 해병대 극기 훈련을 갔었던 적이 있다. 화생방 훈련, 장애물 오르기, 미니 계곡 건너기, 번지점프까지 어지간한 훈련은 다 했다. 그리고 10kg 배낭을 메고 수 킬로가 넘는 야간 보행을 하고, 야전 텐트에서 하룻밤을 보내기도 했다. 여자는 나 혼자였는데 예외 없이 남자들과 똑같은 훈련을 했다.

극기 훈련을 모두 마치고 참가한 사람 모두에게 훈련의 영상이 담긴 비디오테이프가 지급되었다. 내용을 확인하니 정말 민망해서 눈을 뜨고 볼 수가 없었다. 제목은 모 회사 해병대 극기 훈련 캠프 영상이었는데, 내용은 나의 모노드라마였다. 내가 밥 먹는 것, 뛰는 것, 걷는 것 등 대부분의 장면에서 나는 스포트라이트를 받고 있었다. 그야말로 내가 주인공인 한 편의 영화였다.

훈련할 때도 나에게만 들이대는 카메라가 부담스럽긴 했다. 게다가 동료 지점장들이 "혼자 영화 찍으러 왔냐"며 비아냥거리는 소리도 신경 쓰였다. 그나마 영상을 편집하며 잘 조정할 것이라는 생각에 크게 신경 쓰지 않았는데, 막상 결과물을 보니 무척이나 당황스럽고 불편했다. 편집의 과정에서 오히려 내 모습을 더 부각해 놓은 듯했다.

아니나 다를까. 이후 지점장 회의 때 사람들이 내게 불만의 목소리를 터뜨렸다. "혼자 간 것도 아닌데 왜 혼자만 나왔냐", "모노드라마를 찍었더라", "보다 보니 정 지점장만 나와서 비디오 바로 꺼버렸다", "난 곧장 테이프 구석에 처박았다" 등등 그들은 서운한 마음을 여과 없이 드러냈다.

황당하기로 따지자면 나도 만만치 않았다. 나의 의사와는 상관없이 카메라가 나를 따라다녔고, 촬영된 영상은 동료 모두에게 공개됐다. 화생방실에서 튀어나와 눈물과 콧물이 줄줄 쏟아지는 일그러진 얼굴이 촬영되고 공개되는 것을 바라는 이가 누가 있겠는가. 영상을 편집했던 기사님은 그저 남자들 사이에 여자가 한 명 끼어 있으니 특이해서 그랬을 테지만, 나는 그 일로 지점장들 사이에 공동의 적이 되어 한동안 미움을 사야 했다.

늘 그랬다. 남자 팀장들 사이에 낀 유일한 여자 팀장, 남자 지점장들 사이에 낀 단 한 명의 여자 지점장이란 이유로 내 머리 위엔 늘 감시카메라가 달려 있었다. 회사에서의 나의 소소한 행동조차 단지 여자라는 이유로 사람들의 시선을 끌었다.

지점장이 된 지 얼마 되지 않았을 때의 일이다. 지점장 회의가 끝나자 선배 한 분이 나를 불렀다.

"정 지점장, 앞으로 회의 올 때 복장 좀 신경 써. 단정하고 튀지 않는 것으로 입고와."

"네? 그게 무슨 말씀이세요?"

"나는 그렇게 생각 안 하는데, 누가 나한테 대신 좀 말해달라고 하더군."

"네, 죄송합니다. 주의하겠습니다!"

검은색 긴 바지에 주황색 블라우스가 단정하지 않고 튀는 옷인지는 의문이었지만, 나는 묻지도 따지지도 않고 일단 공손하게 대답했다. 유일한 여성 지점장인 데다 지점장 중에 가장 나이가 어렸기에 모든 것이 조심스러웠다. 선배가 가르쳐 주면 군소리 없이 배워야 한다고 생각하던 시절이었다.

한참을 거울을 들여다보며 답을 찾다 보니 아무래도 블라우스의 색상이 거슬린 듯했다. 봄이라 너무 칙칙한 것보다는 밝은색 블라우스가 낫겠단 생각에 주황색을 골라 입은 것뿐인데, 그것이 눈에 거슬렸던 것인가? 나는 그들이 무슨 색의 넥타이를 하든 관심도 없고 상관도 하지 않는데 그들은 왜 나의 블라우스 색상에 관심을 두는 것인가? 어이없고 황당했으나 옷 같은 것으로 괜히 날을 세우고 싶지 않았다.

그날 이후로 나는 지점장 회의에 참석할 때 모든 복장을 검은색으로 통일했다. 옷과 같이 사소한 것으로 지적당하고 싶지도 않고, 그로 인해 내 기분까지 망치며 회의에 집중도가 떨어지는 것도 싫었다.

물론 지금의 나라면 훨씬 더 당당하게 대응했을 것이다. 아마도 그날 선배의 말에 "그분께 직접 저한테 말씀하라고 하세요. 그럴 용기가 없으면 남 지적하지 말고 본인이나 잘하라고 하세요"라고 말했을 것이다. 회의 왔으면 회의에 집중해야지 왜 100명 가까이 되는 많은 지점장 중에서 유독 나에게 그렇게 관심을 가지며 잔소리를 하느냐고 따져 물었을 것이다.

옷에 대한 지적은 유치할 뿐, 그다지 상처가 되지 않는다. 팀장이 되고 지점장이 되고 임원의 자리에 오르기까지 내가 조금이라도 속도를 낼라치면 감시의 눈길은 더욱 심해졌다.

"안녕하세요. 말씀 많이 들었습니다. 직접 뵈니 더 반갑네요. 하하."

회사에서 복도를 지나다 보면 어디서 근무하는 누구인지 모르는 사람인데 먼저 인사를 하는 경우가 간혹 있다. 그럴 때면 나 역시 "네, 감사합니다"라며 상황에 맞지 않는 어색한 인사로 답을 한다.

나를 어찌 아느냐, 나에 대해 무슨 말을 들었느냐고 묻지 않아도 나는 이미 알고 있었다. 회사 사람들이 사석에서 나에 관한 이야기를 많이 한다는 것을. 별다른 이유는 없다. 그들만의 세상을 침범한 겁 없는 여자인데다 어리고 잘났기 때문이다.

좋은 얘기만 한다고 해도 내가 없는 곳에서의 뒷말이라면 썩 유쾌하지 않은데, 실제로 돌고 돌아 내 귀에 들어오는 나에 관한 소문들은 사실과 다른 부정적인 내용이 많았다. 의도와 원인은 쏙 빠져 있고 나의 행동 일부만 발라내어 확대하여 해석하거나, 실제로 했을 수 있는 작은 실수 하나가 산더미처럼 커져 있기도 했다. 또 하지도 않은 말이나 행동이 상상과 추측으로 확대되어 어느덧 사실처럼 되어 있는 등 대부분이 나를 힘들게 하는 내용이었다.

새로운 것을 시도하고 성과를 낼 때마다 그러한 소문들은 더 거세 졌다. 가끔 친한 동료나 후배가 귀뜸해주는 말들을 종합해 보면, 나는 늘 술자리의 단골 안줏거리였다. 그러니 나와 근무를 해보지 않은 사람들도 나에 대해 잘 알고 있는 것처럼 인사까지 하는 것이었다. 그나마 제대로라도 알면 다행인데 왜곡되고 과장된, 때론 거짓의 이야기를 알고 있을 때가 많아 안타깝고 속상했다.

질투와 시기의 시선이 거세질수록 나는 더욱 당당해지려 노력했다. 피할 수 없으면 즐기자는 생각으로, 내가 잘났기 때문에 감당해야 할 몫이라 생각하기로 했다. 그래서 나를 지적한 사람에게 일부러 먼저 다가가 밝은 표정으로 인사를 하며 말을 거는, 속칭 '선방 날리는 기술'을 보였다. 나에 대한 어떠한 말을 해도 눈 하나 깜짝하지 않는 대인배의 모습을 보여주고 싶었다. 예상대로 나의 그런 태도에 그들은 대부분 눈을 피하거나 말을 더듬는 등 약한 모습을 보였다. 그런 반전의 모습이 재밌기도 하고 안쓰럽기도 하면서, 결국 그들 또한 약한 인간이라는 것을 알게 됐다. 생각이 여기까지 미치자 마음이 훨씬 더 편해지고 여유로워졌다.

때론 그들의 시선이 부담스럽고 아프기도 했지만, 그것에 일일이 반응하고 신경을 쓰다 보면 내 행동이 위축되어 업무에까지 지장을 줄 수 있었다. 그들은 회사에서 함께 하는 동안은 동료임이 분명하지만 내 삶의 긴 여정에선 어차피 스쳐 지나가는 사람들이었다. 게다가 내가 올바르게 나의 길을 잘 가고 있다면 감시자들의 허튼 시선 따윈 콧방귀를 끼며 무시해도 된다.

그게 네 장사야?

친한 후배들과 오랜만에 저녁 식사를 하기로 했다. 그런데 약속 전날에 제일 막내가 단체 대화방에 글을 남겼다.

"선배님들, 죽을 죄를 졌습니다. 내일 회사에 일이 있어 야근할 것 같습니다. 식사에 부득이 불참하게 되어 죄송합니다!"

모두가 보고 싶어 하는 후배라 빼고 만나기보단 가까운 날로 약속을 다시 잡기로 했고, 그렇게 모두 모인 자리에서 후배는 그날의 일을 사과하며 연신 머리를 숙였다.

"근데 그날 무슨 일이었어?"

"협력사와의 재계약 문제 때문에요."

재계약은 말 그대로 협력사 양사 간 그해의 거래조건을 명문화해 계약을 진행하는 작업으로, 연중 진행되는 가장 큰 이슈 중 하나이다.

"그때 재계약 시점이 얼마 남지 않아서 각사와 조건협의 하느라 밤을 꼴딱 새웠어요. 그런데 별로 만족스럽지 못해요. 아무래도 제가 잘못한 거 같아요."

후배는 평상시와 달리 풀이 죽은 모습으로 말을 이었다.

"아무래도 제가 업무 능력이 부족한가 봐요. 회사에 도움이 되기는커녕 오히려 해를 끼친 것 같아서 너무 속상해요. 아, 저는 왜 이것밖에 안 되는 걸까요!"

후배는 회사의 희로애락을 본인의 희로애락처럼 여기는 친구였다. 후배의 상사로 근무했을 때는 그러한 후배의 태도가 기특하게 느껴진 적도 있었지만, 언제부턴가 너무 지나친 것 같아서 몇 번 조언도 해주었다. 그런 태도는 결국 본인에게 마이너스로 작용하니 그러지 말라고. 그게 벌써 10년 전이다.

"너 아직도 그렇게 회사생활 하니? 내가 말했지? 시도 때도 없이 앞뒤 안 가리고 회사에 올인하지 말라고. 네가 회사를 위하는 마음은 기특하고 예뻐. 그런데 그렇게 조바심 내고 자책한다고 뭐가 달라지니? 너는 너의 자리에서 너의 일에 최선을 다하면 돼. 뭘 더 하지 못해 안달하지 마. 그래 봐야 너만 상처받아. 막말로 그 계약이 네 계약이니?"

안타까운 마음에 내 입에선 잔소리가 거침없이 쏟아져 나왔다. 묵묵히 듣고만 있던 후배가 어느 순간 고개를 끄덕이며 웃었다.

"그렇죠? 그 계약이 제 계약은 아니죠? 이궁, 제가 또 오버했네요."

회사를 위한 후배의 열정은 아름다우나 그로 인해 본인의 멘탈과 일상까지 흔들릴 정도로 빠져든다면 나는 이쯤에서 그만 스톱을 외쳐야 한다는 생각이다.

내가 사원이든 임원이든 회사를 위해 헌신하고 열정을 다하는 모습은 모두가 아름답다. 그러나 헌신과 열정도 분명한 선이 있다. '나'를 지킬 수 없을 정도로 멘탈이 무너지고 일상이 깨진다면 그 선을 넘은 것이다. 그럴 땐 내가 지나치게 회사에 빠져 있는 것은 아닌지 다시 점검해 보아야 한다.

나 또한 한때 회사 일에 지나치게 올인하고 내 일과 구분하지 못해서 생활이 엉망이 된 경험이 있다. 과장으로 승진하고 나서 마치 회사의 주인이 된 양 시키는 일은 물론 시키지 않은 일까지 만들어가며 하던 때가 있었다.

내게 '과장'이란 선물을 준 회사에 보답하겠노라고 홀로 맹세하고, 업무의 전사가 되어 나의 모든 전투력을 짜내어 일에만 집중했다. 그런데 몇 년이 채 지나지 않아 모든 것들이 삐걱거리기 시작했다. '영업'하면 '술'이라는 말도 안 되는 공식으로, 일주일에 서너 번을 술자리에서 목마른 사람처럼 술을 마셔댔고, 현재 진행하고 있는 업무가 결실을 보기도 전에 다른 계획을 구상하여 동시에 서너 가지 프로젝트를 처리하는 등 일에만 열중했다. 자연스레 가정이나 내 개인의 삶이 뒤로 밀려났고, 급기야 건강에도 이상 신호가 왔다. 지나치다 할 정도로 피곤함이 느껴졌고, 집중력도 떨어졌다. 업무 집중도가 떨어지니 성과도 예전 같지 않아 스트레스 또한 가중되었다. '사장 마인드로 일하는 사람', '나가서 사업해도 성공할 사람'이라는 사람들의 칭찬에 우쭐해져서 간신히 일을 붙들고는 있었지만, 확실히 예전의 내가 아니었다.

"간수치가 200입니다. 무조건 쉬셔야 합니다. 이대로 두면 다음은 간경화입니다."

얼굴에 황달이 오고 나서야 찾은 병원에서 의사가 한 말이다. 날벼락 같은 소리였다. 누구보다 건강을 자신했던 나였는데 불과 몇 년 만에 몸이 망가질 대로 망가져 있었다. 업무적 피로와 스트레스가 원인이라고 했다. 할 수 없이 간수치가 정상범위에 들 때까지 휴가를 내고 침대에 누워 있었는데, 그때 많은 생각을 하게 됐다. 이러다 죽으면 어쩌지라는 두려움부터 무슨 부귀영화를 보려고 이리도 아등바등했나 하는 후회, 그리고 페이스 조절도 못 하는 사람이 무슨 프로냐는 자책까지, 온갖 생각들이 머리를 어지럽혔다.

그러면서 둘러본 내 가족의 상황도 심각했다. 친정엄마가 키워주다시피 한 나의 아들은 가끔 보는 탓에 제 엄마인 나를 낯설어했고, 손길이 닿지 않은 듯한 집안 살림은 오랜 묵은 먼지와 이리저리 널브러진 살림살이로, 어수선함의 극치였다. 뭔가가 한참 잘못되어 가고 있단 두려움이 밀려왔고, 모든 것을 잃기 싫다면 더 늦기 전에 바로잡아야 한다는 생각이 들었다. 그렇게 나는 나와 회사의 관계를 정리했다. 열심히 최선을 다하되, 그것은 내 삶을 침범하지 않는 선까지로 분명하게 제한했다. 그래야 내가 살고 가족이 살고 회사가 살 수 있었다.

과거의 내 모습처럼 회사에 지나치게 올인하거나 영향을 받는 후배들을 보면 안타깝다. 좋은 영향이든 나쁜 영향이든 나를 흔들 만한 영향은 모두 이롭지 않다. 회사는 회사이고 나는 나다. 열심히 하는 것은 좋으나 내 삶을 흔들리게 할 정도의 열정은 모두에게 독이 된다. 개인이 영향을 받고 흔들리면 나를 둘러싼 모두가 영향을 받게 되어 결국 회사도 그 영향을 피할 수 없다. 뭐든 과하면 서로가 해를 입게 된다. 그러니 회사에 대한 애정과 열정이 넘친 나머지 내 삶까지 흔들려고 하는 자신을 발견하게 된다면 당차게 한마디 하자.

"이 장사가 네 장사야? 네가 사장이야!?"

잘나가는 여자는
꼭 빽이 있어야 해?

남성 중심적인 기업 조직에서 여자가, 그것도 어린 여자가 리더가 된다는 것은 마냥 멋지기만 한 일은 아니다. "왕관을 쓰려는 자, 그 무게를 견뎌라"라는 말처럼, 모든 자리는 그 무게만큼의 책임도 함께 주어지기에 오히려 더 힘겹고 험난한 일이다. 더군다나 어린 여자 리더가 감당해야 할 무게는 업무적인 것만이 아니다. 오해와 선입견, 비아냥과 따돌림까지 덤으로 얹혀 한숨의 무게를 보탠다.

게다가 이것은 특정 개인의 문제가 아니다. 2018년 국내 주요일간지에서는 "여성 임원은 자주 선망과 시기의 대상이 된다. 여성 임원에 대한 편견으로 ▶자존심이 없거나 ▶눈치가 없거나 ▶먹고살 것이 없다는 조롱이 회자하기도 한다"라고 보도했다. 그리고 그 이유가 "성비 구색 맞추기 덕에 임원이 됐다"라는 시선이 덧씌워진 탓이라고 지적했다.

나는 40대 초반의 나이에 회사에서 중책을 맡은 팀장이 되었다. 늘 그렇듯이 새로 부임하는 팀장에 대한 호기심이 안팎으로 뜨거웠다. 담당자가 바뀔 때마다 협업하는 파트너사들은 다시 관계를 쌓고 적응해야 하므로 그러한 관심은 당연한 일이다.

최선을 다해 내게 주어진 책임을 완수하고 어려운 환경을 개선해보고 싶은 마음에 고심 끝에 향후 운영계획을 작성하고, 이를 공유하는 상견례 미팅을 주관했다. 딱딱한 분위기의 전체 미팅을 끝내고 파트너사별 개별미팅을 시작했다. 세부 현안을 파악하고 향후 도움을 부탁하는 자리였다. 전체 회의 때와는 다르게 긴장을 풀어드리기 위해 편안한 분위기로 미팅을 주도해 나갔다.

미팅을 마치고 서로 잘해보자는 의미의 악수를 청하려는데 협력 파트너사의 담당자 중 한 분이 궁금한 게 있다며 물어도 되느냐기에 나는 흔쾌히 그러하고 했다.

"아, 그게…… 이런 거 질문드려도 괜찮을지 모르겠는데요……."

"괜찮습니다. 편하게 말씀하세요."

"저……, 팀장님은 누구 빽이세요? 빽이 없으시면 젊은 여자분이 이리 큰 자리에 오시기 힘드셨을 거 같은데……."

개별 미팅의 분위기를 편하게 하려던 게 지나쳤던지, 상대는 내게 매우 무례한 질문을 했다. 젊은 여자는 중책을 맡으면 안 된다는 법이 있는 것도 아닐 텐데, 대놓고 누구 빽으로 얻은 자리냐고 물어오니 황당하기 그지없었다.

"빽이요? 저 빽 좋아하는 거 어떻게 아셨어요?"

버럭 화를 낼 수도 없는 상황이라 나는 어색한 아재 개그로 대답을 대신했다.

"저 빽 같은 거 없어요. 오늘 애쓰셨습니다. 조심히 돌아가세요."

빽 좋아한다는 내 유머를 혹여 다큐로 받을까 염려되어 나는 다시 한 번 쐐기를 박았다.

이렇듯 아예 대놓고 내게 물어보는 건 오히려 감사한 일이었다. 최소한 내게 대답할 기회는 주는 것이니 말이다. 진짜 견디기 힘든 것은 뒤에서 수군거리거나 아무렇지 않은 듯 비아냥거리는 것, 은근히 따돌리는 것 등 내게 아예 말할 기회를 주지 않는 상황이다.

지점장 중에 여자는 내가 유일하던 시절이었다. 지점장들끼리 회사의 공식 업무 외에 모임 일정을 정하거나 회의 장소를 섭외하는 등의 소소하게 결정해야 하는 일들이 수시로 있는 상황이었다.

하루는 단체 모임을 하기로 한 날이 다가오는 듯해서 가까운 지점의 지점장에게 전화로 정확한 일정을 물어보았다.

"지점장들 모두 저녁 식사하기로 한 거 언제예요? 이번 주쯤이라고 했던 거 같은데요."

"아, 그거 취소됐는데……."

"왜요? 언제요?"

"어, 그거 몰랐어? 그때 다 있을 때 얘기했는데. 그때 정 지점장 없었나?"

"언제요? 언제 어디서 다 있을 때요?"

알고 보니 함께 저녁 식사를 하자고 공식 행사에서 의견을 나눈 며칠 뒤에 따로 몇 명의 지점장이 사적인 모임을 했고, 그 자리에서 저녁 식사 모임을 취소했는데 그 내용이 나에게까지 전달이 안 되었던 것이었다.

개인적으로 친한 사람들끼리 하는 사적 모임에까지 나를 초대해 주길 바라지는 않는다. 그러나 적어도 업무의 연장으로 하기로 했던 모임은 공식 채널을 통해 의논하고 전달이 되는 것이 옳지 않은가.

간혹 발생하는 이런 일들이 열심히 달리던 나를 힘 빠지게 했다. 남자 지점장들 사이에서 나만 외딴 섬 같다는 생각이 들었고, 내가 미처 파악하지 못하는 정보들로 인해 내 지점이 피해를 볼 수도 있을 것 같았다. 사원들에게 시키지 않아도 될 일을 정보의 부재로 더 하게 한다던가, 특히 사원들의 고과평가와 같은 중요한 사항에 있어 내가 리더인 지점장의 역할을 잘하지 못하여 피해를 줄 수도 있다는 염려가 들기도 했다.

나는 회사생활을 하는 내내 최소 3~4년 이상 경력이 차이 나는 선배들과 비슷하게 빠른 승진을 했다. 최선을 다해 열심히 한 데 대한 마땅한 결과였지만 리더급 관리자 중 유일한 여자이면서 제일 어리다는 이유로 종종 이 같은 상황을 맞곤 했다. 게다가 아예 대놓고 공격하는 일도 있었다.

당시 회사는 조직에 변화가 필요하다는 판단에 도전과 열정을 불러일으킬 새로운 아이콘을 찾고 있었는데, 그 이미지와 내가 딱 맞아떨어졌다. 시키지 않아도 불굴의 열정으로 업무를 완수하고 성과를 올리자, 공식 석상에서 우수사례를 발표할 기회가 주어졌다. 그리고 내가 한 일을 그대로 다른 지점장들이 벤치마킹하도록 지시했다.

경력직으로 들어온 어린 여자가 자신들을 치고 올라와서 공식 석상에서 칭찬을 받는 것도 반갑지 않은데, 내가 한 것을 벤치마킹하라니 다들 못마땅했던 듯하다. 게다가 일부에선 일거리가 늘어난 것에 대한 불평의 소리도 들려왔다. 이후로도 내가 무엇인가 새로운 시도를 하면 또 일을 벌인다며 공격하는 사람들이 많았다.

물론 나는 그들의 열정이나 능력이 나보다 부족하다고 생각하지 않는다. 모두가 그만한 능력을 인정받아 그 자리에 오른 분들이니 그들에게도 나 못지않은 열정과 실력이 있을 테다. 어쩌면 그들의 불평과 공격의 대상은 늘어난 일거리가 아닌, 어린 여자 리더인 나 자체였을지도 모른다. 이전에는 없었던 별종(어린 여자 리더)이 등장하여 그들만의 안정된 세상을 뒤흔들고, 더 빠른 속도로 앞서 나아가니 심기가 불편할 수밖에. 그러나 어쩌겠는가. 나는 그저 시작에 불과할 뿐, 앞으로 더 많은 '어린 여자 리더'들이 등장해 그들과 다르지 않은 당연한 존재로 인정받을 것이니 말이다.

중요하고 큰일을 하는 여성 리더는 라인이나 연줄일 것이라는 생각, 남들보다 빨리 승진하는 여성 리더는 뒤에서 상사에게 속칭 알랑방구를 끼거나 야욕이 많을 것이라는 생각. 직장생활을 하면서 내가 느낀, 여성 리더를 바라보는 세상의 편견이다. 한때는 그런 편견이 정당하게 얻은 나의 노력을 깎아내리는 것 같아 화가 난 적도 있었다. 그런데 생각해 보면 그러한 편견은 세상이 변화하고 있다는 증거이기에 오히려 반겨야 하는 일이다. 기존에는 보지 못했던 여성들이 리더로 약진하는 상황에서, 이유가 궁금한데 잘 모르겠고, 이상하게 배도 아프고, 그렇게 그들 머리 수준의 프레임을 통해 만들어낸 나름의 이유가 바로 '편견'이다. 그러한 탄생 배경을 가진 편견을 굳이 일일이 반응할 필요가 있을까! 중요한 것은 그들의 편견에 맞서는 것이 아니라 '편견이 말 그대로 편견이었음'을 증명하는 것이다.

남자들이 말하는 "고스톱 쳐서 계급장 딴 줄 아느냐"는 말이 여자에게도 해당함을 합법적 도구인 '일'로써 증명하면 되는 일이다. 앞서 나에게 빽 운운했던 파트너사 담당자는 불과 몇 달이 지나지 않아 사석에서 내게 말했다. "처음에는 분명 낙하산 연줄이 있을 거라고 생각했어요. 근데 이제 알겠네요. 왜 정 팀장님을 이 자리로 보내셨는지"라며 나름의 우회적인 칭찬을 했다.

내가 가진 여건은 한정적이다. 시간도 한정적이고, 머리도 한정적이고, 감정도 한정적이다. 그렇게 한정된 자원을 어떻게 우선 분배하느냐가 중요하다. 편견이 있음에 화내지 말고 내가 마주하는 편견에 의연하게 대처하며 일에 집중하는 것이 나와 미래의 여성 후배들을 위해 필요한 일이다. 내 눈앞의 편견은 모조리 그물로 걸어 치워버린다는 생각을 한다면 머지않은 그 어느 날에 세상은 분명 완전히 달라져 있을 것이다.

멘탈부터 챙겨라,
휘청이는 건 한순간이다

사람들은 나를 강단 있고 배짱 있는 사람이라고 말한다. 기 안 죽고 자신감 있고 늘 에너지 넘친다고 좋게 표현하는 사람도 있지만, 혹자는 피 한 방울 안 나오는 정나미 없고 무례한 사람이라고 말하기도 한다. 어떤 표현이든, 외부의 자극에 부화뇌동하지 않으며 스스로를 굳게 지켜나간다는 의미가 담겼으니, 나는 둘 다 마음에 든다.

물론 처음부터 내가 그렇게 단단했던 것은 아니다. 수많은 사람과의 다양한 관계와 상황을 겪으면서 처음엔 '상처 환경'에 그대로 노출되었다. 그 과정에서 나는 어떻게든 죽지 않으려고 자기를 방어하는 동물의 보호색처럼, 내 안에 셀프치유의 기능을 발휘하기 시작했다. 상처 환경에 노출될수록 치유력이 점점 강해지면서, 속칭 천하무적 셀프멘탈 관리 기계가 된 것이다.

회사의 평가만 보면 잘나가는 지점장이지만 그만큼 나를 험담하고 뒷담화하는 사람들로 넘쳐났던, 직장생활의 힘든 고비를 지나고 있을 때의 일이다. 함께 일하던 아끼는 후배가 전날 개인적인 회사

저녁 식사 모임에 다녀온 후 풀이 죽어서 말했다.

"지점장님, 죄송합니다. 제가 힘이 되어드리고 싶었는데, 그러지 못했습니다."

내막을 들어보니, 여러 부서에서 온 다양한 직급의 사람들이 모인 식사 자리에 다녀왔는데 늘 그렇듯이 나에 관한 얘기가 술안주처럼 나왔다고 했다. 후배는 본인보다 선배들이 많아서 그저 듣기만 하는 상황이었는데, 듣다 보니 나를 전혀 알지 못하는 사람들조차 '카더라 통신'에 의한 말을 쏟아내면서 사실과 다른 왜곡된 얘기까지 나왔다고 한다.

"그건 사실이 아니에요."

이건 아니다 싶은 마음에 후배가 용기를 내어 사실을 바로잡아주려 대화에 끼어들려는 순간, 누군가 소리쳤다고 한다.

"야! 너 조용히 해. 한 대 맞고 싶지 않으면."

돌아보니 한참 위의 선배가 눈을 부릅뜨고 본인을 매섭게 보고 있기에 더는 말하지 못했다고 했다.

"죄송해요. 제가 힘이 없어 끝까지 편을 들어 드리지 못했네요. 잘 못하다간 맞아 죽을 것 같았어요. 저도 남자이지만 남자가 더 질투가 많은 것 같아요."

후배에게 괜찮다고, 마음만으로도 너무 고맙다고 말했지만, 사실 상처도 컸고 마음도 무척 아팠다. 하지만 그럴수록 나는 나를 다독이고 보듬으면서 상처를 치유해나갔다. 누구도 내 편이 되어주지 않으면 내가 내 편이 되어주면 되고, 내가 잘못한 일이 없고 떳떳하다면 어떤 외부의 자극에도 굴하지 않고 내 마음을 추스르며 내 길을 가면 될 일이었다.

당시 내가 유용하게 활용했던 셀프 치유법 중에는 일명 '망원경 거꾸로 보기'라는 것이 있다. 어릴 적 망원경을 가지고 놀다가 큰 렌즈를 눈에 대고 거꾸로 본 적이 있는데, 세상이 모두 작게 보였다. 내 손바닥도 작고 책도 작고 동생도 작았다. 나는 이것을 내 마음을 돌보는 데 활용해보기로 했다.

'모든 상황은 보는 방법에 따라 달라지니 나를 힘들게 하는 상황들을 작게 보는 연습을 하자. 코끼리도 씹다 버린 껌처럼 만들어서 쓰레기통에 던져 버리자'라며 내 마음을 괴롭히는 문제들도 망원경을 거꾸로 들여다보듯 일부러 작게 보기로 한 것이다.

문제를 최대한 작게 바라보기 위해선 그 문제의 상황과 나를 분리할 필요가 있다. 마음이 견뎌내기 힘든 상황이 오면 초기엔 '괜찮다. 별것 아니다. 다 지나간다'라는 말로 셀프 위로를 했다. 그런데 '망원경 거꾸로 보기'를 하며 셀프 위로는 좀 더 업그레이드됐다. 문제의 상황과 나를 분리하며, '아님 말구', '너나 잘해', '그러거나 말거나', '딴 사람은 더해' 등 저만치 떨어져 지켜보는 제3자의 시선에서 좀 더 당찬 주문을 외치게 된 것이다.

지점장 시절의 일이다. 한 달에 한 번씩 정기적으로 하는 부문 회의에 참석하는 날이면 나는 특별히 친한 사람이 없어 혼자 밥을 먹는 적이 많았다. 참석자 중 유일한 여자인데다 경력사원으로 입사하여 동기도 많지 않았고, 남보다 빠르게 승진하여 내 또래 동료들도 없었다. 게다가 성과를 내기 위해 열심히 일하는 내 모습을 비난하던 사람들도 있었던 터라 선뜻 먼저 다가오는 사람이 없었다. 그렇다고 내가 적극적으로 다가갈 용기도 없었다.

마냥 굶을 수도 없어서 언제부턴가 나는 출근길에 김밥을 미리 사와 점심때 주차장의 차 안에서 먹고는 오후 회의 시각에 맞춰 올라가곤 했다. 그러던 어느 날, 동료 중 한 분이 별다른 약속이 없으면 함께 점심을 먹자고 청해왔다. 가까운 관계는 아니었지만 누군가와 함께 식사를 할 수 있다는 것만으로도 너무 기뻤다. 공통의 관심사를 주고받으며 오랜만에 외롭지 않은 점심식사를 할 수 있었다. 식사를 마친 후에 나는 다음 달 회의 때는 내가 대접하겠다고 약속했고, 덕분에 다음 달 회의 때도 혼자 밥을 먹지 않아도 됐다.

다시 한 달이 지난 후 다음 회의 날이 되자 나는 용기를 내어 먼저 그분께 다가가 혹시 오늘도 함께 점심을 먹을 수 있느냐고 물었다. 그런데 그분의 대답을 듣곤 차마 더 청할 수가 없었다.

"오늘은 선약도 있고 해서 같이 못 먹을 것 같아요. 그리고 함께 몇 번 밥을 먹고 나니 사람들이 그렇게 밥 같이 먹을 사람이 없냐고 묻더라구요. 심하게는 여자한테 붙어 다닌다는 말을 하는 사람도 있고요……."

그때 지나가던 모 지점장이 그 지점장에게 말을 걸었다.

"둘이 사귀어? 지난달 그 점포 실적이 장난 아니던데, 일이나 열심히 하시지."

마음이 상했다. 나와 밥을 먹고 대화를 하는 것이 비아냥거릴 일이란 것이 어이가 없고 화가 났다. 주먹이 부르르 떨렸지만 나는 애써 태연한 표정을 지었다. 그리고 속으로 힘껏 외쳤다.

"너나 잘해. 너네 지점의 실적은 더 장난 아니더구만!"

그날 나는 또 혼자 밥을 먹어야 했지만, 마음은 그런대로 견딜 만했다. 점심시간 내내 차 안에서 "웃기고 있어. 지나 잘하지"를 수없이 반복하며 나를 쓰다듬어주었기 때문이다.

사람마다 스트레스를 받는 상황은 모두 다르다. 어떤 상황에서 마음이 흔들리는지 상황을 분석하여 그에 맞는 주문을 외운다면 내 멘탈을 흔들리지 않게 잘 관리할 수 있다. 나의 경우엔 다른 사람이 나에게 상처가 되는 말이나 행동을 했을 때와 최선을 다했으나 성과가 나지 않을 때 가장 마음의 상처를 받았다. 그래서 그런 상황이 되면 내 감정이 흔들리기 전에 주문을 먼저 내뱉는데, 그러면 이상하게도 마음이 진정되고 문제가 가볍게 느껴졌다.

어찌 보면 주문들이 대부분 원색적이고, 그래도 될까 하는 생각이 들 수도 있겠지만 일단 내 멘탈은 살려야 하지 않겠는가. 일시적으로 사용하는 심폐소생술이라 생각하고 사용하면 즉각적인 효과가 있으며, 그것이 쌓이면 점점 멘탈이 강해져서 어지간한 것은 마법의 주문이 없어도 견딜 수 있는 경지에 이르게 된다. 이때 주의할 점은, 내가 할 수 있는 최선은 다해야 한다는 것이다. 정말 아무래도 상관없다, 될 대로 되라는 식의 마음을 처음부터 갖는다면 오히려 나에게 독이 될 수 있다.

그래도 여전히 너무 힘들다면 이번엔 이렇게 생각해 보자. "고난은 성장을 위한 트레이닝이고, 고난은 나를 단련시키는 도구"일 뿐이라고. '아프니까 청춘이다' 같은 말을 하자는 게 아니다. 이 시련이 분명 나를 한층 성장시킬 거라는 확신이 있어야만 시련이 조금은 덜 힘들다는 걸 알기 때문이다. 가끔은 대책없이 긍정적인 마인드 컨트롤이 진짜 도움이 된다.

언젠가는 다 밝혀진다

"입이 열 개라도 할 말이 없습니다."

소속 부서의 회식 자리에서 여성 수사관을 성추행한 혐의로 기소된 현직검사가 재판에서 자신의 혐의를 모두 인정하며 한 말이다. 사회 정의 구현의 최전방에 있는 검찰조직이 이런 지경이라면 우리 주변에 말 못 할 아픔을 숨기고 있는 여성 직장인은 얼마나 많을까? 이어지는 미투 소식, 도를 넘은 성범죄 사건이 연일 뉴스에 등장하는 오늘이 너무나 씁쓸하다. 그러나 나는 우리 사회가 긍정적인 방향으로 나아갈 것이라는 믿음을 놓고 싶지 않다. 용기 내어 자신의 목소리를 내는 사람들이 늘어나면서 죄를 지은 사람이 처벌받고, 사람들의 인식도 조금씩 변화하고 있는 모습 또한 보이기 때문이다.

여성가족부가 공공기관 및 민간사업체의 직원 등 10,904명에게 실시한 '2018년 성희롱 실태조사'에서 여성 응답자의 14.2%가 직장 내 성희롱을 당한 경험이 있다고 답했다. 그런데 성희롱 피해자의 81.6%가 '참고 넘어갔다'고 응답했다. 가해자의 상당수가 남성 직장 상사(61.1%)인 탓에 업무적인 불이익이나 보복을 당할 것이 염려되었기 때문이다.

여성 직장인들이 겪는 고충 중에 빠질 수 없는 것이 직장 내 성희롱, 성추행 등 여성으로서의 모멸감과 수치심을 경험하는 일들이다. 나 역시 30년 가까운 직장생활을 하며 많은 불쾌한 경험을 했다.

십수 년 전, 협력회사와의 상담이 주된 업무였던 시절의 일이다. 상담 파트너의 대부분이 중소기업체의 대표였는데, 30대 중반의 나이로 사회 경험이 많은 그분들과 일대일로 상담을 하여 윈-윈의 결과를 이끄는 것이 쉽지 않았다. 하지만 최대한 예의를 갖추면서 상담에서도 밀리지 않으려고 상담기법에 관한 공부까지 하며 무리 없이 업무를 소화해 나갔다.

하루는 약속된 시간에 맞춰 상담실을 찾았는데, 늘 오시던 대표분 외에 처음 뵙는 분이 계셨다. 평소대로 상담을 원활히 마치고 상담실을 나오는데 방금 상담했던 대표분의 목소리가 들렸다.

"귀엽지? 난 이 맛에 와. 저분 보는 맛에 상담 온다구."

기껏 열심히 상담했더니 내 얼굴을 보는 맛에 온다니! 나를 업무적인 관계로 대하지 않는 것에 불쾌한 마음이 들었다. 이전에도 미팅이나 상담을 할 때 내 얼굴을 빤히 쳐다봐서 겸연쩍은 적이 여러 번있었다. 게다가 그날은 예고도 없이 낯선 사람을 데려와서는 나를 관계사의 업무 담당자가 아닌 여자로 대하는 말을 하니 불쾌하기 짝이없었다.

그 일 이후 나는 그 협력회사와의 거래량을 대폭 줄였다. 물론 사적인 감정이 아닌, 중복되는 제품과 협력사가 많고 가격과 품질 경쟁력이 떨어지는 등등의 합리적인 이유가 크게 작용했다. 그리고 부가적인 이유로, 두 기업 간의 윈-윈을 위한 노력이 아니라 업무 파트너의 얼굴 보는 맛을 찾는 협력사와의 거래는 미래가 없다는 나름의 판단도 작용했다.

낯선 이성, 특히 업무적인 관계에서 만난 사람과 해야 할 일은 하지 않고 얼굴 보는 맛이나 찾는다는 것이 말이 되는가! 그런 개념을 가진 협력사는 내가 나서서라도 정의의 이름으로 처단하는 것이 옳다는 생각은 여전히 변함없다.

이런 일은 비단 기업과의 업무 관계에서만 벌어지는 것은 아니었다. 지점의 내부 살림을 맡고 있던 팀장 시절의 이야기이다. 사원들을 챙기는 일부터 비품을 구매하고 건물을 관리하는 등 챙겨야 하는 업무의 영역이 넓고 다양했다. 그 중 대외기관과 관련된 대관업무는 내 업무의 핵심이었다. 수시로 나오는 점검에 대한 대비뿐 아니라 이를 위한 사전관리도 중요했다. 나는 혹여 미처 관리하지 못한 실수로 인해 지점에 불이익이 발생하지 않도록 늘 만전을 기했다.

그러던 중 하루는 대외 기관 부서와 저녁 식사를 하게 되었다. 과하지 않은 범위 내에서 상호 비용을 부담하는 식사 자리였는데, 나는 사전에 필요한 점검을 마친 후 오시기로 한 분을 차로 모시고 식당으로 향했다. 출발한 지 얼마 안 되어 조수석에 탄 그분이 갑자기 "경아야"라며 내 이름을 불렀다. 고개를 돌리니 그 분이 나를 향해 몸을 기울이고 있었다. 당황한 나는 "왜 이러세요"라며 뒤로 물러섰다. 그럼에도 그분은 멈추지 않고 나를 향해 가까이 왔다. 당황스러웠지만 과하게 반응하면 불쾌함으로 그날의 식사자리가 깨어질 수도 있다는 걱정이 들었다.

순간, 차의 도움을 받아야겠다는 생각이 들었다. "어어~ 저 차가 왜 그러지. 손잡이 꽉 잡으세요!"라며, 다른 차가 실수를 해 돌발상황이 발생한 것처럼 핸들을 이리저리 돌렸다. 차가 휘청거리자 그제야 그분은 본인의 자리로 돌아가 앉았다. 나는 "이러다 사고 나면 큰일나요. 안전벨트 매셨죠?"라며 태연하게 말하며 그 상황을 모면했다. 그리곤 언제 그런 일이 있었냐는 듯 아무렇지도 않은 모습으로 저녁 식사를 마무리했다.

그 일을 계기로 나는 그 기관과 하는 업무에 있어 우리 측 담당자와 업무 기준을 바꿨다. 간단한 사안은 나의 직속 후배에게 사전관리를 하도록 했고, 그분과 나의 미팅이 꼭 필요한 경우에는 반드시 후배와 동행했고, 그분도 다른 직원과 함께 오도록 하여 미팅을 진행했다. 단지 내 성별이 여자라는 이유로 이렇게까지 해야 한다는 사실이 분통 터졌지만, 나를 지키면서 일을 해 나가기 위해서는 무슨 방법이든 마련할 필요가 있었다.

한 번은 쇼핑 중 불편함이 생기면 지점장에게 연락하시라는 고객 메시지를 내 이름과 사진, 연락처를 담아 지점 내 게시판에 부착한 적이 있다. 그런데 고지 며칠 후부터 이상한 전화가 오기 시작했다. 이상한 신음 소리와 함께 가끔은 불쾌한 음담패설을 쏟아내는 전화였다. 이른 새벽과 늦은 밤까지 시도 때도 없이 오는 전화에 신경이 곤두설 지경이었다. 전화했을 때 착신이 불가능하다는 안내가 나오는 것을 보면 장난전화가 분명했다. 내 개인 휴대폰 번호를 오픈한 것이 화근이었다. 우리 지점을 찾아 주시는 고객을 위하는 마음으로 시작한 것이 예상치 못한 결과를 가져왔다. 결국 경찰에 신고하고 휴대폰 번호를 바꾸는 것으로 상황을 마무리했다.

이렇듯 직장생활을 하다 보면 파렴치한들을 만난다. 아마 나만 특별한 경험을 한 것이 아니라, 직장생활을 하는 여성들이라면 비슷한 경험 한둘쯤은 분명 있을 것이다. 끔찍하고 화나는 일이지만 그렇다고 해서 직장생활을 때려치울 수도 없다. 그래서 나는 이런 상황에 처할 때마다 나만의 기준을 세워 대처하고, 나를 지킬 방법을 마련할 필요가 있었다.

우선 이런 경우는 초기 대응이 중요하다. 강단 있게 본인의 입장을 분명히 밝히고 업무로 확실한 정리를 해야 한다. 만약 가능하다면 대범하고 천연덕스럽게 역공을 하는 것도 방법이다. 언제든 '상대의 잽이 들어오면 나는 강력 펀치를 날려준다!'는 생각으로 강하게 나가면 의외로 남자들이 겁을 먹는 경우가 많다. 그렇지 않은 경우는 믿을 만한 선배나 상사에게 도움을 요청하는 등의 적극적인 방법을 해야 한다.

어떤 경우일지라도 이성적으로 대응해야 한다. 업무와 연관된 사람이기에 감정적 대응은 이들을 더욱 자극하여 상황을 악화시키거나 업무적인 역공격을 당할 위험이 크기 때문이다. 또한 숨지 말고 당당히 나서라고 조언하고 싶다. 물론 무작정 용기만을 가지라고 말하기엔 현실이 녹록지 않다는 것을 누구보다 잘 알고 있다. 그래서 멘탈을 탄탄하게 붙잡고 버티는 것도 중요하지만, 한편으론 너무 괴로운 일이 생길 때는 주변에 적극적인 도움을 요청하라고 다시 한 번 더 강조하고 싶다. 아프고 힘든 곳에서 무작정 버티는 것만이 승리가 아니다. 유리천장을 깨트리는 것도 중요하지만, 제일 중요한 것은 우리가 다치지 않고 살아남는 일이니까. 살아남아야만 다음 유리천장도 깨트릴 수 있을 테니까.

당신이 희망입니다

사람들이 나를 소개할 때 빼놓지 않는 수식어가 하나 있다. '유리천장을 깬 여성'이 바로 그것이다. 감사한 수식어이긴 하지만 한편으론 씁쓸한 마음도 크다. 노력과 열정, 그리고 실력만 있다면 누구나 올라갈 수 있어야 할 그곳이, 단지 여자라는 이유로 유리천장과 맞장을 떠야 한다는 것이 왠지 억울하기까지 하다. 게다가 그곳에 이르기까진 '여자'의 편견을 견뎌내는 독한 깡다구까지 갖춰야 한다.

몇 년 전 대기업 임원분들과 저녁을 함께하는 자리에서 모회사 여성 임원분과 이야기를 나눌 기회가 있었다. 자신감 넘치는 모습이 너무나 멋졌던 그분은 여성 임원이란 공통점 하나로 내게 마음을 열어주셨다.

"정 상무님은 지금까지의 직장생활이 어땠어요? 나는 완전 투쟁의 역사였어요!"

갑작스러운 질문이 당황스러우면서도, 그 마음을 알 것 같아 코끝이 시큰해졌다. '그들만의 세상'에서 죽어라고 달려본 사람만이 알수 있는 시린 마음이 그 짧은 물음에 담겨 있었다.

"저도 마찬가지죠. 쉽지 않았어요. 하지만 상무님, 그 투쟁의 역사가 있었기에 우리가 이 자리에 있는 것이 아닐까요? 그런 면에서 보면 그 투쟁의 역사조차도 저는 감사해요."

그분은 비교적 여성 구성비가 높은 회사에서 근무했음에도 그 자리에 오르기까지 쉽지 않았던 듯했다. 나는 관리자급 리더에 여성이 드물기로 유명한 유통 대기업에서 최초의, 그리고 유일한 여성 팀장, 여성 지점장을 거쳐 마침내 유리천장까지 깨부순 여성 임원이 되었다. 그 과정이 어디 꽃길이기만 했을까.

다행히도 세상은 이제 '여자'와 '남자'의 구분을 무너뜨리고 성 편견을 없애며, 능력 있고 열정적인 사람은 누구든 제대로 된 평가를 받는 방향으로 움직이고 있다. 그들에게 유리했던 기울어진 운동장이 드디어 평형을 맞추는 운동을 시작한 것이다. 혼자 투쟁해야 했던 그때와는 달리 지금은 여성의 사회 진출도 늘고, 직장 내 여성 관리자도 늘었다. 혼자가 아닌 둘, 그리고 어느새 '우리'가 되면서 목소리에 힘이 실리고, 그만큼 업무의 영역도 확대되고 있다. 무엇보다 '여자'라는 성수식어를 떼고 온전히 나의 능력만으로 인정받는 것이 가능해지고 있다.

물론 그 변화의 속도가 썩 만족스럽진 않다. 20여 년이 훌쩍 지난 지금도 여전히 "여자가 말이야!", "여자가 어디!"라는 말 같지도 않은 말을 하는 일부 몰지각한 이들이 남아 있다. 그럼에도 나는 희망을 본다. 혼자 속을 끓여야 했던 그때와는 달리 이젠 '우리'가 되어 함께 목소리를 낼 수 있고, 함께 유리천장을 깨부수고 없애버릴 수 있게 되었다.

이젠 그게 뭐든 열심히 잘하기만 하면 된다. 열심히 하고 잘하는데 단지 여자라는 이유로 나의 가치를 인정해 주지 않는다면 그 회사는 미래가 아닌 과거를 향해 달리는 회사이니 얼른 나의 가치를 알아주는 회사로 환승해야 한다. 요즘 같은 취업난에 그게 무슨 만용이냐 할 수도 있겠으나, 회사를 좇고 자리에 연연하지 말고 회사가 나를 모셔가도록 나를 쌓고 완성하는 데 집중한다면 충분히 가능한 이야기다.

기울어진 운동장을 바로 세우고, 비뚤어진 시선에 "여자가 왜? 여자가 뭐!"라며 일침을 가하는 힘은 남녀평등을 외치는 거친 목소리에서 나오는 것이 아니다. 여자가 결코 남자보다 못한 존재가 아님을 증명하는 힘은 오로지 실력과 노력에 바탕한다.

우리 사회엔 여전히 남녀차별이 존재하고, 여성의 고위직 진출을 가로막는 보이지 않는 장벽도 존재한다. 그러나 그것은 견고한 벽이 아닌 서서히 무너지고 있는 담이며 조금씩 열리고 있는 문이다. 벽을 담으로, 문으로 만든 것이 나와 같은 언니들이었다면 이제 그것을 완전히 무너뜨리고 활짝 열어야 할 이는 이 책을 읽는 그대들이다. 내가 후배들의 희망이었듯이 이제 그대들이 희망이 되어 길을 열어가길 응원한다. '여자'와 '남자'가 아닌 온전히 실력과 열정으로 평가받는, 차별 없는 그날이 하루빨리 오기를 기원하며 글을 닫는다.

그대여, 당신이 희망입니다!